**질문하는 방법,
어떻게 가르칠까?**

질문하는 방법, 어떻게 가르칠까?

1판 1쇄 발행 2025년 12월 12일

지은이	김현주, 김유신, 김자영, 정미양, 조선형
펴낸이	한기호
책임편집	서정원
편집	박예슬, 송원빈, 이선진
본부장	여문주
마케팅	윤병일, 신세빈
경영지원	김윤아
디자인	이성호
인쇄	예림인쇄

펴낸곳 (주)학교도서관저널
출판등록 제2009-000231호(2009년 10월 15일)
주 소 04029 서울시 마포구 동교로 12안길 14 3층
전 화 02-322-9677
팩스 02-6918-0818
전자우편 slj9677@gmail.com
홈페이지 www.slj.co.kr

ISBN 978-89-6915-195-7 03370

ⓒ 김현주·김유신·김자영·정미양·조선형, 2025

- 이 책은 저작권법에 따라 보호를 받는 저작물이므로 무단 전재와 무단 복제를 금합니다.
- 책값은 뒤표지에 있습니다.

질문하는 방법 어떻게 가르칠까?

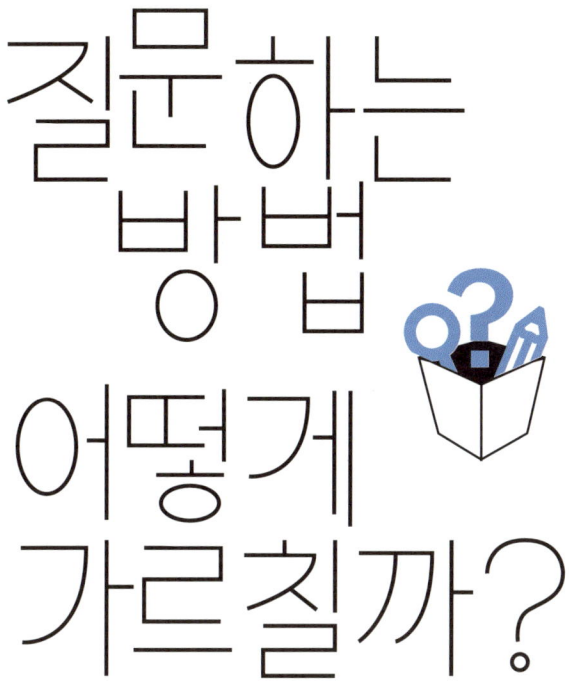

9가지 질문도구 · 학생 질문 기반 탐구수업

김현주, 김유신, 김자영, 정미양, 조선형 지음

여는 글

 골똘히 생각하는 학생들, 친구의 의견을 경청하고 자신의 생각을 자신 있게 표현하는 학생들, 수업 중에 "선생님, 너무 재미있어요!"라고 말하는 학생들. 교사라면 누구나 꿈꾸는 수업 장면입니다. 이런 장면을 교실에서 실현하고자 교사들은 오늘도 '무엇'을 가르칠지, '어떻게' 하면 그것을 더 잘 가르칠지 고민합니다. 그런데 가르쳐야 할 지식의 양은 끝없이 늘어나고, 지식을 효과적으로 전달하는 매체는 넘쳐 납니다. 이러한 시대의 변화는 교사 주도의 지식 전달에서 벗어나, 학생이 스스로 질문하고 깊이 생각하며 탐구하는 수업을 요구합니다.

머리로는 동의하지만, 막상 교실에서 그 전환을 구현하는 일은 결코 쉽지 않습니다. 교과서에도 학생이 질문을 만드는 활동을 제시하지만, 실제 수업에서 실행하려고 하면 다음과 같은 벽을 만납니다.

"좀 이상한 질문 같은데… 괜찮아요?"
학생들은 질문을 만드는 일을 주저합니다. 정답을 맞히는 학습에 익숙한 학생들은 질문에도 '정답'이 있다고 믿습니다. 틀리면 어쩌나 엉뚱하다고 생각되면 어쩌나, 불안이 먼저 앞섭니다. 그래서 입을 떼지 못한 채, 교사의 눈치를 봅니다.

"왜?", "뭐지?"
질문의 유형이 너무 협소합니다. 단순하고 비슷한 수준의 질문 두세 개를 만들고 나면 금세 막힙니다. 무엇을 더 물어야 하는지, 궁금한 것을 어떻게 물어야 하는지 감이 오지 않습니다. 질문하는 방법을 배운 적이 없으니 질문은 두세 개에서 멈춥니다.

"질문까지는 나오는데, 그다음이 어려워요."
교사도 다음이 막막합니다. 학생들이 만든 질문을 가지고 수업을 어떻게 이어 갈 것인지, 사고가 일어나는 탐구로 설계할 것인지 막막합니다. 가끔 '똑똑한' 몇몇 학생이 교사가 원하는 '좋은 질문'

을 던져 주면 그 질문을 중심으로 상호작용이 일어나지만, 많은 아이들은 구경꾼이 되기 쉽습니다. 질문 만들기를 재미있게 하려고 보물찾기나 게임 요소를 넣기도 하지만, 활동이 흥미에서 끝나고 의미 있는 사고와 배움으로 이어지지 못하는 경우가 반복됩니다.

이 세 가지 문제의식을 바탕으로 각 장을 구성했습니다.

■ **질문생성 Spark**: 학생이 자기 질문을 맘껏 꺼내고, 서로의 질문을 존중하며, 질문하기는 정답을 맞히는 일이 아니라 사고를 시작하게 하는 일임을 배웁니다.

■ **질문확장 Grow**: 사고의 폭과 깊이를 확장하도록 돕는 '질문 틀'을 제시합니다. 특정한 형태의 질문은 특정한 방향의 사고를 유도한다는 것을 알게 됩니다.

■ **질문정교화 Focus**: 질문을 다듬고, 선택하고, 사고가 이어지는 탐구로 설계하는 방법을 안내합니다.

■ **탐구로 나아가기**: 학생의 질문으로 사고하는 수업을 어떻게 설계하는지, 탐구의 단계를 따라 평가부터 수업 설계의 전 과정을 사례로 제시합니다.

그동안 학생의 사고를 촉진하기 위해 교사가 던질 수 있는 질문을 다룬 책이 많이 출간되었습니다. 그러나 정작 아이들이 스스로 질문을 어떻게 만들 수 있는지, 그리고 그 질문이 탐구로 나아가도록 하려면 수업을 어떻게 설계해야 하는지를 담은 자료는 드물었습니다. 어쩌면 우리는 아이의 호기심에 기대어 질문이란 자연스레 떠오르는 것이라고 안일하게 생각했는지도 모릅니다. 질문을 해보라고 등을 떠밀기 전에, 질문 만드는 방법을 차근차근 알려 주는 것이 교사의 역할임을 알기에, 질문 만드는 방법을 사고의 단계에 따라 활용할 수 있도록 각 단계별 '질문도구'로 만들었습니다.

부디 이 도구들이 여러분의 교실에서 모든 학생들이 질문의 문을 열도록 돕는 열쇠가 되기를 바랍니다. 이 책을 만난 교실마다, 호기심 가득한 눈망울로 쏟아 낸 질문이 사고력을 키우는 배움으로 이어지길 소망합니다.

차례

여는 글 5

1장 질문하는 방법

질문도구란? 15

탐구의 길을 여는 질문도구 16

사고를 이끄는 질문 전략 17

안전한 질문의 장 만들기 20

2장 질문생성 Spark: 일상 속 호기심을 질문으로 이끄는 첫걸음

질문도구1. 니까요? 27

질문도구2. 마침표-물음표 37

질문도구3. 감각문 46

3장 질문확장 Grow: 풍성하게 질문을 키우며 사고 넓히기

질문도구1. 질문바람개비 59

질문도구2. 질문토네이도 73

질문도구3. 까까까? 86

4장 질문정교화 Focus: 질문을 정교화하여 탐구 설계하기

질문도구1. 개념안경 101

질문도구2. 질문CEO 116

질문도구3. 질문지도 136

5장 질문을 연결하여 탐구로 나아가기

탐구수업을 위한 준비 153

탐구수업의 단계 159

탐구수업 사례 162

부록 182

1장 질문하는 방법

질문하는 능력은 타고나는 것일까요? 우리는 오랫동안 일부 '똑똑한' 아이들이 좋은 질문을 한다고 믿어 왔습니다. 인지적 기능이 뛰어난 학생이 상황과 목적에 맞는 질문을 더 잘하는 것도 사실입니다. 그러나 배움의 주인이 되고 학습을 주도적으로 이끌기 위해서는 모든 학생이 자신의 질문을 할 기회를 가져야 합니다. 질문하는 능력이 중요하고 학생이 자기의 질문을 갖는 것이 주도성의 핵심이라고 말하지만, 정작 학생들은 어떻게 질문하는지를 배운 적이 없어 막상 기회가 생겨도 어려움을 느낍니다. 이를 해결하기 위해 우리는 질문을 타고난 능력이 아니라 훈련 가능한 기술로 보고, 수업에서 곧바로 활용할 수 있는 '질문도구'를 마련했습니다.

기존의 질문법을 조사한 결과, 각 질문법이 길러 주는 사고의 성격과 그 질문법의 목적이 다음의 세 단계로 분류될 수 있음을 확인했습니다. 이에 따라 수업에서 교사가 목적에 맞게 선택·적용할 수 있도록 질문도구로 체계화했습니다. 각 단계의 목표는 다음과 같습니다.

첫째, Spark(질문생성) 단계의 도구는 주제에 대한 호기심을 일으키고 확산적 사고를 촉진합니다. 학년을 불문하고 적용이 쉽고, 초기 발화를 이끌어 자신감과 효능감을 높이는 데 유리합니다.

둘째, Grow(질문확장) 단계의 도구는 질문의 언어와 구조가 아직 낯선 학생들에게 다양한 질문 형태와 표현을 경험·습득하게 하여, 사고의 폭과 깊이를 넓히도록 하는 것을 목표로 합니다.

셋째, Focus(질문정교화) 단계의 도구는 이미 만든 질문을 선별·재구성하여 탐구로 이어지도록 돕습니다. 이 과정에서 수렴적 사고와 비판적 사고, 분석적 사고가 작동하며 구체적인 탐구 설계로 연결됩니다.

질문도구를 꾸준히 익히면, 일부 학생에게만 발화가 집중되던 수업이 점차 모두가 참여하는 수업으로 전환되며, 산발적 호기심도 단계의 흐름과 함께 탐구로 이어지게 됩니다. 이러한 변화는 '도구'의 세 가지 특성(목적성, 보완·확장성, 맥락 의존성)에 기반을 둡니다. 이 장에서는 세 가지 특성을 토대로 '질문도구'의 개념을 분명히 하고, 질문이 탐구로 이어지는 사고의 과정을 설명합니다.

다만 이러한 도구들이 제 기능을 발휘하려면 올바른 질문 문화를 먼저 세워야 합니다. 그래서 이 장에서는 도구 소개에 앞서 올바른 질문 문화를 세우기 위해 필요한 교사와 학생의 태도에 대해 다루고자 합니다.

질문도구란?

도구는 일을 할 때 쓰는 연장을 말합니다. 어떤 목적을 이루기 위한 수단을 말하기도 하지요. 도구를 사용하면 일을 편리하게 처리할 수 있고, 우리의 삶을 질적으로 향상시키는 데 이바지할 수 있습니다. 질문을 만들 때 도움을 받을 수 있는 도구가 있다면 어떨까요?

질문도구는 학습자가 질문을 양적으로 필요한 만큼 생성하거나 질적으로 수준을 높이는 데 도움을 주는 사고 전략입니다. 도구의 특성을 교육적 맥락에 적용하였기에, 일반적인 도구가 갖는 특성을 그대로 지니고 있습니다.

첫째, 목적성입니다. 질문도구는 학습자의 사고와 탐구를 촉발한다는 분명한 목표를 갖고 있습니다.

둘째, 보완·확장성입니다. 질문도구는 학습자 혼자 질문을 만들기 어렵거나 사고가 제한될 때 이를 보완하는 역할을 합니다. 학습자는 질문을 통해 사고를 확장하고 심화할 수 있습니다.

셋째, 맥락 의존성입니다. 질문도구는 학습자의 연령, 적용하는 교과의 성격, 수업의 목표와 단계에 따라 다양한 방식으로 활용할 수 있습니다.

도구 사용이 익숙하지 않을 때는 도구를 사용하는 것이 어색하거나 생각만큼 효율성이 크게 올라가지 않습니다. 질문도구도 학습자가 익숙하게 사용할 수 있도록 익히는 과정이 필요합니다. 질문도구 사용 연습은 학습자에게도 필요하지만 교사에게도 중요한 의미가 있습니다. 질문도구는 다른 도구와는 달리 질문을 만드는 것에서 그치는 것이 아니기 때문입니다.

탐구의 길을 여는 질문도구

질문도구의 목적은 질문을 많이 만드는 것이 아니라, 질문이 가리키는 방향을 따라가며 탐구로 이어지게 하는 것입니다. 질문도구를 통해 질문을 만들고, 탐구로 연결시키는 사고의 과정을 반복적으로 경험하며 사고력을 계발해 나갈 수 있습니다. 학습자가 이러한 사고와 탐구의 과정을 경험할 수 있으려면, 교사가 질문도구의 목적을 이해하고 질문도구 활용에 익숙해지는 것이 중요합니다. 질문도구를 경험한 교사는 질문도구의 활용이 사고에 어떤 영향을 미치는지 파악할 수 있고, 질문도구를 활용한 수업을 설계할 수도 있습니다. 학습자가 겪게 될 사고의 전환이나 변화를 이해하고 수업을 설계할 수 있으려면 교사가 질문도구를 다양한 맥락에서 적용해 보고, 질문을 탐구로 연결해 보는 숙련의 과정을 거치는 것이 필요합니다.

사고를 이끄는 질문 전략

우리 머릿속에서 일어나는 사고는 위계나 순서가 없고 마치 서커스나 불꽃놀이처럼 여러 가지 유형의 사고 작용이 거의 동시에 일어난다고 알려져 있습니다. 그러나 오랜 교사 경험으로 얻은 실천적 지식으로 보면, 학생들이 학습하는 과정에서 생각을 더욱 편안하게 풀어갈 수 있는 순서가 있습니다. 수업 과정에서 사고의 생성-확장-정교화 단계를 차례대로 밟아 나가는 것입니다.

사고의 첫 단계는 브레인스토밍처럼 다양한 생각을 많이 떠올리는 것입니다. 이 단계는 머릿속에서 불꽃이 터지듯 일어나는 것 같아서 'Spark'라고 이름 붙였습니다. Spark 단계의 목표는 질문의 양적 생성을 통해 사고의 작동을 시작하도록 하는 것입니다. 일상의 관찰을 바탕으로 생성된 질문을 통해 세상을 바라보는 시각을 바꿀 수 있고, 사고의 시작 버튼을 누르듯 사고의 생성을 활성화할 수 있습니다.

두 번째 단계는 질문을 통해 사고의 범위와 깊이를 넓히는 단계입니다. 생각을 키워 나간다는 의미로 'Grow'라고 부릅니다.

Spark 단계가 비정형화된 방향으로 생각을 활성화하는 것에 목표를 둔다면, Grow 단계는 방향성을 갖고 생각을 확장시키는 것에 목적을 둡니다. 질문도구를 통해 질문의 방향을 설정하고, 질문의 폭을 넓히며 사고를 확장하는 경험을 하다 보면 질문이 가진 힘을 깨닫게 됩니다. 질문을 통해 얻고자 하는 것이 무엇인지 파악하고, 그에 맞게 질문을 만들 수 있게 되는 것이지요.

세 번째 단계는 질문을 통해 사고를 정교화하는 단계입니다. 사고를 정교화하기 위해서는 초점이 필요하다는 점에 맞춰 'Focus'라고 정했습니다. Focus 단계에는 지금까지 양적으로 몸집을 키운 사고에 정교함을 더합니다. 질문도구를 활용하여 질문의 질을 평가하고 분석하는 과정에서 거칠고 엉성했던 사고의 구조에 촘촘함과 날카로움을 더하며 사고의 틀을 갖추어 나갈 수 있게 됩니다.

각각의 단계는 질문도구와 어우러져 학생들을 사고의 재미에 빠지게 합니다. 학생들은 이러한 단계를 경험하며 스스로 사고하는 것이 얼마나 멋진 일인지 알게 됩니다. 또한 사고에는 한계가 없으며 스스로에게 무궁무진한 성장의 가능성이 있다는 것을 발견하고 놀라워하는 모습을 보여 줍니다.

이러한 경험은 반복적으로 누적될 때 훨씬 더 효과적입니다. 숲속에 난 오솔길을 떠올려 보면 이해가 수월합니다. 오솔길이 생기려면 그 길로 여러 번 반복해서 지나다녀야 하듯이 질문을 떠올리고 사고로 연결해 나가는 경험도 여러 번 반복해서 생겨야 사고하는 길이 생깁니다. 탐구는 이러한 사고의 길을 내는 데 효과적입니다. 단계별로 질문도구를 활용하는 것에 익숙해지면 본격적인 탐구의 과정을 거치며 질문이라는 길잡이의 뒤를 따라 사고의 오솔길을 내는 일에 즐거움을 느끼며 참여할 수 있습니다. 탐구를 통해 학생들은 질문하는 방법과 사고하는 방법이 어떻게 어우러져 깊이 있는 이해에 도달하는지 경험하게 됩니다. 이러한 경험은 곧 스스로 학습하는 역량을 키웁니다.

질문하는 힘을 키우는 단계별 질문도구

단계		질문도구			효과
Spark	호기심을 갖고 일상을 다시 바라보는 첫걸음	니까요? 문장의 끝을 '니까요?'로 바꾸며 놀이처럼 질문 만들기	마침표-물음표 관찰한 것을 진술문으로 정리하고 질문으로 바꾸기	감각문 오감으로 수집한 정보를 질문으로 표현하기	관찰력, 호기심을 키움 자유롭고 편안한 질문 습관 형성
Grow	질문을 여러 방면으로 확장하며 사고의 폭과 유연성 키우기	질문바람개비 육하원칙(5W1H)으로 다양한 방향의 질문 만들기	질문토네이도 다양한 서술어를 활용하여 사고의 방향성을 확장하는 질문 만들기	까까까? 조건(과거, 현재, 미래, 가정, 가능성, 당위)에 따라 질문 끝맺음 바꾸기	구조화된 질문으로 확장 다양한 관점으로 유연하고 창의적 사고
Focus	질문을 분석·분류·재구성하며 정교화하기	개념안경 7개 개념으로 초점 있는 질문 만들기	질문CEO 열린 질문, 닫힌 질문 구분하고 질문 개선하기	질문지도 질문의 우선순위를 정하고 논리적 탐구 흐름 설계하기	질문의 질 향상 분석적·비판적 사고

안전한 질문의 장(場) 만들기 [1]

학생들이 질문하는 방법을 배우기 위해서는, 단순히 질문의 형식이나 기법을 익히는 것을 넘어 질문할 수 있는 환경이 필수적입니다. 씨앗이 잘 자라기 위해서는 비옥한 토양이 필요하듯이, 질문이 잘 자라기 위해서는 질문과 사고가 자유롭게 펼쳐질 수 있는 교실 문화를 조성하는 것이 중요합니다.

좋은 질문과 사고를 자극하는 질문이 강조되는 교실에서, 교사들은 질문의 질을 높이기 위해 다양한 노력을 기울입니다. 예를 들어, 좋은 질문이 나왔을 때 칭찬을 하거나, 부족한 질문이 나오면 수정해 주며 기대하는 질문이 나오도록 예시를 제시하는 것입니다. 이러한 노력은 좋은 질문을 장려하는 긍정적인 시도로 보일 수 있습니다. 하지만 시간이 지나면서 사고력이 뛰어난 일부 학생만 수업에 적극적으로 참여하게 되고, 그렇지 않은 학생들은 점점 더 질문하기를 주저하게 되는 부작용을 발생시킬 수 있습니다.

이 같은 현상은 학생들이 스스로 사고하고 질문할 수 있는 안전한 공간이 마련되지 않았기 때문에 발생합니다. 교사는 종종 발표를 하지 않던 학생이 의견을 말할 때 긍정적인 피드백을 주거나,

---

[1] 『한 가지만 바꾸기』(댄 로스스타인 · 루스 산타나, 사회평론아카데미) 3장과 9장의 내용을 바탕으로 구성한 내용입니다.

활동을 진행하지 못하는 학생들에게 적절한 예시를 제공하는 등의 방식으로 학생들을 격려하려고 합니다. 하지만 이런 교사의 태도는 학생들이 자신의 질문을 형성할 때 오히려 확산적 사고를 방해할 수 있습니다. 학생들은 교사에게 인정받기 위해 '좋은 질문'을 하려고 주저하게 되고, 자신의 사고를 자유롭게 펼치기보다는 교사가 기대하는 방향으로만 질문을 제한하게 될 위험이 있습니다. 결국, 안전한 질문 문화 없이 질문하기 교육을 하면 몇몇 뛰어난 학생들의 활동으로 제한될 가능성이 크며, 나머지 학생은 교사와 함께 탐구 과정을 감탄하며 지켜보는 데 그칠 것입니다. 그러므로 학생들이 스스로 질문할 수 있는 공간을 마련하고, 그 공간에서 자신감을 가지고 질문할 수 있도록 돕는 것이 질문하기 교육의 첫걸음이 되어야 합니다.

다음의 규칙들은 기존 학생과 교사가 가지고 있던 습관과 반대되는 점이 있기 때문에 특히 중요합니다. 학생들은 질문을 형성할 때 평가나 비판을 받을 것이라는 두려움에서 벗어나야 합니다. 교사는 학생들의 질문에 대해 즉각적인 평가나 수정 대신, 학생들 스스로 질문을 탐구할 수 있도록 지지해 주는 역할을 해야 합니다. 이는 학생들에게 자신만의 사고를 이끌어 낼 기회를 제공하고, 다양한 지능과 학습 성향을 가진 학생들이 함께 성장할 수 있는 교실 환경을 조성하는 데 필수적입니다.

질문 문화 형성을 위해 학생이 지켜야 할 약속

1. 질문을 멈추지 않고 가능한 많이 만들기

질문을 만들 때는 '이 정도면 되겠지.' 하며 멈추지 말고, 떠오르는 대로 마음껏 질문을 만들어 봅시다. 생각나는 질문은 뭐든 다 적어 보는 거예요. 질문은 많을수록 좋아요. 이렇게 하면 여러분의 생각이 더 넓어지고, 재미있는 질문을 많이 만들어 낼 수 있답니다!

2. 어떤 질문이든 판단하지 않고 계속 만들어 가기

질문을 만들 때 친구들의 질문을 '좋다' 혹은 '나쁘다'로 판단하지 않아요. 또, "이 질문의 답은 뭐야?" 하고 대답하도록 하지 않을 거예요. 질문은 그 자체로 멋진 거니까, 서로의 질문을 인정해 주고 계속 질문을 만들어 봅시다. 이렇게 하면 더 자유롭게, 부담 없이 질문을 만들 수 있어요!

3. 질문은 들은 그대로 적기

말이 조금 이상해도 괜찮으니까, 처음 만든 질문을 그대로 적어 봐요. 여러분의 질문은 있는 그대로 소중하고, 그렇게 적는 게 진짜 여러분의 생각을 존중하는 거예요. 멋진 질문을 마음껏 만들어 보세요!

질문 문화 형성을 위해 교사가 지켜야 할 약속

1. 중립적인 태도를 유지하세요

선이해를 가지고 있는 어른들의 눈으로 볼 때, 어떤 질문은 더 가치가 있고, 어떤 질문은 엉뚱하거나 초점을 놓친 것처럼 비추어질 수 있습니다. 학생이 핵심을 벗어난 듯한 질문을 한 경우 "장난하지마!"라고 할 수 있고, 좋은 질문을 한 경우 "오~ 진짜 좋은 질문이다."라고 북돋는 평가를 할 수 있습니다. 하지만 이 두 가지 모두를 최대한 삼가길 권합니다. 칭찬해 주고 싶다면, '수고했어!', '고마워'라는 말을 해 주세요. 교사가 이렇게 중립적인 태도를 유지할 때 아이들은 훨씬 안전한 느낌으로 자신의 질문과 사고를 펼칠 수 있게 됩니다. 어쩌면 교사나 부모가 생각했던 엉뚱한 질문이 진짜 의미 있는 질문이 될 수도 있습니다. 질문의 가치는 자신의 생각을 스스로 옹호하고 그 탐구를 이어 나갈 때 비로소 알 수 있게 됩니다.

2. 학생들이 표현한 질문들을 모두 수용해 주세요

질문의 의도를 파악해서 매끄럽게 문장을 바꾸어 쓰는 것도 하지 마세요. 학생이 말한 질문 그대로를 기록해 주세요. 처음에는 장난스럽기도 하고 엉뚱해 보이는 질문을 할 수 있지만, 자신의 질문이 존중받는 경험을 할 때, 학생들은 자신의 질문을 이어 나가며 사고를 시작할 것입니다.

3. 충분한 시간을 주세요

어떻게 해야 할지 몰라 머뭇거리는 학생이 있을 수도 있어요. 그렇다고 쉽게 예시를 제시하지 마세요. '아~ 선생님이 원하는 게 이거구나!' 하고 자신의 호기심에 근거한 질문을 만들기보다 교사에게 칭찬을 받을 수 있는 질문은 무엇일까를 더 고민하게 됩니다. 시간이 조금 더 걸리겠지만, 학생이 자신의 질문을 표현하는 데에 확신을 가지게 될 때까지 기다리면 학생의 주도성을 이끌게 될 것입니다.

4. 자신의 사고에 대해 생각하고 말하는 성찰하기를 놓치지 마세요

성찰하기를 통해 학생은 자신이 어떻게 사고하고 배웠는지 인식하게 됩니다. 이는 스스로 해냈다는 자신감을 갖게 합니다. 사고의 과정을 돌아보며 배움으로 가져가는 과정을 스스로 찾고 표현하는 것은 학생 자신뿐만 아니라 교사나 부모에게도 큰 성취감을 맛보게 합니다.

2장 질문생성 Spark

일상 속 호기심을
질문으로 이끄는 첫걸음

일상에서 반복되어 무심코 지나치던 것에 관심을 갖고 유심히 관찰하는 것에서 질문은 시작됩니다. 매일 가는 학교의 창문이 왜 사각형인지 호기심을 갖고 생각하다 보면 학교 건물은 왜 사각형인지, 학교의 출입문이나 교실 출입문이 왜 모두 사각형인지 궁금해지기 시작합니다.

'Spark' 단계는 주변을 자세히 살펴보며 '이건 뭐지?', '왜 그렇지?'와 같은 궁금증을 키워 질문의 싹을 틔우는 단계입니다. 평소에 지나쳤던 주변의 사물이나 풍경을 주의 깊게 관찰하고, 질문을 만들어 보는 연습을 통해 학생들은 질문하기의 첫걸음을 자연스럽게 배울 수 있습니다. 학생들이 새로운 눈으로 세상을 바라보며, 불꽃이 튀듯 질문을 만들도록 돕는 것이 Spark 단계의 목적입니다.

이 단계에서 활용할 수 있는 질문도구로 '니까요?', '마침표-물음표', '감각문'이 있습니다. 니까요?는 문장의 끝을 질문에 자주 쓰이는 끝말로 바꾸어 보며 질문을 놀이처럼 시작할 수 있는 활동입니다. 마침표-물음표는 관찰한 것을 진술로 표현하고, 진술을 질문으로 바꾸는 활동입니다. 감각문은 오감을 활용해 경험한 것을 질문으로 표현하는 활동입니다.

학생들은 다양한 질문도구를 만나며 관찰하기, 궁금증 표현하기 등 기초적인 학습 기능을 익히게 됩니다. 관찰을 통해 스스로 품게 된 호기심 어린 질문은 다음 학습을 향한 동기를 만들어 학습 태도에도 긍정적인 영향을 줍니다.

Spark 단계의 질문도구

니까요?	마침표-물음표	감각문
사자를 본 적 있**니**? 오늘 밤 사자는 잠을 잘**까**? 사자가 밤에 잠을 자나**요**?	. ➜ ?	👁 ✋ 👂

질문도구1 __ 니까요?

우리가 흔히 묻는 질문은 '했니?', '할까?', '했나요?'처럼 니, 까, 요로 끝나는 경우가 많습니다. 여기에 착안하여 만든 질문도구 '니까요?'는 문장의 끝을 '-니?', '-까?', '-요?'로 바꾸어 질문으로 만드는 활동입니다. 하나의 주제에 대해 떠오르는 것을 '-니?', '-까?', '-요?'로 끝나는 문장으로 만들어 보는 것입니다. 사과로 예를 들어 볼까요?

사과는 맛있니?
친구는 사과를 좋아할까?
이 사과는 어디에서 왔어요?

이처럼 한 개의 단어를 가지고 연상 작용으로 떠오르는 것에 끝말을 붙여 질문 만들기를 시작할 수 있습니다. 한 단어를 다루는 것에 익숙해지면 두세 단어를 연결해 더 구체적이고 확장된 문장을 만들어 나가는 방식으로 활동을 이어갈 수 있습니다. 정답을 맞히거나 질문에 대한 답을 하는 것이 목적이 아니라, 떠오른 생각을 자유롭게 말해 보는 시간이기에 학생들은 부담 없이 자신의 생각을 펼칠 수 있습니다.

'니까요?' 활용 방법

1 **단어, 문장 살펴보고 질문하기**
　단어나 문장을 보고 '-니?', '-까?' '-요?'로 끝나는 질문을 만든다.

2 **질문에 대해 생각해 보기**
　친구의 질문을 살펴보고 원래 문장과 함께 생각해 본다.

'니까요?'를 활용하기 좋은 수업

① 1~2학년 통합-탐험

학습주제	우주나 바닷속 모습 상상
성취기준	[2슬02-04] 궁금한 세계를 다양한 매체로 탐색한다.
수업흐름	평소 궁금했던 곳 이야기 나누기 ▶ 우주, 바닷속, 땅속, 그림책 속 등 궁금한 세계 정하기 ▶ 다양한 매체를 이용하여 자신이 선택한 세계의 사진 및 영상 찾기 ▶ 자료를 모으고 관찰한 뒤, '니까요' 질문 만들기

해당 성취기준은 궁금한 세계에 대해 밝혀진 사실을 아는 것보다 학생의 흥미를 중심으로 밝혀지지 않은 세계를 자유롭게 상상하는 것에 중점을 두고 있습니다. 학생들이 사진, 영상, 책 등을 보고 '니까요?' 도구를 사용하여 호기심과 궁금증을 기르는 것에 초점을 맞춰 수업을 설계합니다. 도서관, 태블릿 등을 활용하여 궁금한 세계와 관련된 정보를 더 모으고 질문으로 상상력을 마음껏 펼칠 수 있도록 구성할 수 있습니다.

② 3~4학년 국어

학습주제	재미와 감동을 찾아
성취기준	[4국05-05] 재미나 감동을 느끼며 작품을 즐겨 감상하는 태도를 지닌다.
수업흐름	제목으로 작품 상상하기 ▶ 작품 감상하고 기억나는 장면 문장으로 표현하기 ▶ '니까요?' 질문 만들고 나누기

학생들은 작품으로 형상화된 세계의 정보를 질문으로 바꾸면서 현실 세계와 작품 세계를 더 잘 이해하게 되고 재미와 감동을 느낄 수 있습니다. 만화나 드라마 인물의 행동, 일어난 사건을 문장으로 표현하고 이를 질문으로 바꾸면서 학생들은 작품 세계에 더욱 깊이 빠져들 수 있습니다.

③ 5~6학년 실과

학습주제	미래 내가 하고 싶은 일
성취기준	[6실01-07] 직업의 필요성을 이해하고 적성, 흥미, 성격에 따라 진로 발달 계획을 세우고 주도적으로 탐색한다.
수업흐름	하루 일과 떠올리며 내 주변에서 이루어지는 일과 노동 찾기 ▶ 발견한 일과 노동을 '누가~한다' 형식 문장으로 적기 ▶ 문장 끝을 '니까요?'로 바꾸어 궁금한 점 질문으로 만들기 ▶ 질문 나누며 일과 노동의 의미와 나의 진로 연결하기

집, 학교, 동네 등 내 삶 곳곳에서 일어나는 일과 노동을 찾아보고 '누가, 무엇을 한다'라는 문장으로 정리합니다. 관련 지식을 충분히 활성화한 뒤, '니까요?' 질문도구를 사용합니다. '식사 준비는 엄마만 해야 할까요?', '횡단보도는 누가 그리나요?'처럼 익숙해서 지나쳤던 일을 다시 묻게 합니다. 그 후에는 자신이 잘하거나 좋아하는 일에 초점을 두고, 적성·흥미·성격으로 이어지는 문장을 만들고 질문하며 자기 이해로 확장합니다.

'니까요?'를 활용한 수업 사례

고학년이 되면서 친구들 앞에서 목소리 내는 것을 민망해하거나, 수업 초반에 집중하기 어려워하는 학생들을 볼 때면, 수업의 시작이 얼마나 중요한지 새삼 깨닫게 됩니다. 그래서 6학년 학생들이 음악 시간에 노래 한 곡을 배우기 전, 어떻게 하면 학생들이 마음을 열고 수업 안으로 자연스럽게 들어올 수 있을지 고민했습니다. 가볍고 열려 있는 질문 놀이로 수업을 시작해 보기로 했습니다.

학년·과목	6학년 음악
학습주제	느낌을 담아 노래 부르기
성취기준	[6음01-01] 바른 주법과 표현 기법을 익혀 노래나 악기로 느낌을 담아 연주한다.
수업흐름	① 칠판 위의 한 문장, 관찰하고 질문하기 ▶ ② 질문에 대해 생각해 보기 ▶ ③ 느낌을 담아 노래 부르기

① **칠판 위의 한 문장, 관찰하고 질문하기**

칠판에 오늘 배울 노래의 제목을 다음과 같이 적었습니다.

> 〈오늘 밤 사자는 잠을 자네〉
> -남아프리카 공화국

오늘은 노래를 부르기 전에 '니까요?' 질문 놀이를 할 거예요. 칠판에 적힌 내용을 보고 생각나는 내용을 문장으로 만들고, 문장의 끝을 '니?', '까?', '요?'로 바꾸면 뭐든 질문이 될 수 있어요. 떠오른 궁금증을 자유롭게 말해 보세요.

> 사자는 어디 살까?
> 사자를 본 적 있니?
> 남아프리카 공화국은 어디에 있을까?
> 우리나라에서 몇 시간이나 걸릴까?
> 오늘 밤 사자는 잠을 잘까?
> 사자가 밤에 잠을 잘까?

학생들은 처음엔 조용히 칠판을 바라보다가, 이내 하나 둘 손을 들기 시작했습니다. 학생들의 질문을 그대로 칠판에 받아 적었습니다. 질문에 대해 맞거나 틀리다고 판단하지 않았고, 질문이 끝나면 짧은 박수나 고개 끄덕임으로 반응했습니다. 그랬더니 질문은 끝없이 이어졌습니다. 처음엔 몇몇 학생만 손을 들었는데, 어느새 모든 학생이 질문을 쏟아내기 시작했습니다. 자신의 질문이 그대로 칠판에 적히는 모습을 보며 아이들은 더 자신 있게 궁금함을 표현했습니다.

② 질문에 대해 생각해 보기

평소 말수가 적은 한 학생이 의아한 표정으로 손을 들었습니다.

> 이상해요. 사자는 야행성 동물 아닌가요?
> 사자는 밤이 되면 맹수 본능이 깨어나 밤에 활동한다고 책에서 읽었어요.
> 사자는 밤에 더 잘 본다고 했어요.

사자에 대한 이야기는 점점 깊어졌고, 학생들은 노래 제목이 현실과 어긋나 있다는 점에 집중하기 시작했습니다. 누군가는 제목을 바꾸자고 제안했습니다. 한 학생이 '오늘 낮 사자는 잠을 자네'가 더 맞는 것 같다고 하자 다들 웃었습니다. 학생들은 서로의 이야기에 자연스럽게 반응하며 하나의 문장을 중심으로 사고를 확장해 갔습니다. 질문은 점차 새로운 호기심으로 이어졌습니다.

③ 느낌을 담아 노래 부르기

학생들은 간단한 질문도구로 학생들은 자신의 궁금증을 자유롭게 표현할 수 있었습니다. 사자에 대한 배경지식을 떠올리고, 나라 이름 속 낯선 단어에 대해 탐색하고, 그 질문을 나누는 과정은 자연스럽게 학생들을 수업의 중심으로 끌어들였습니다. 노래를 부르기 시작했을 때, 학생들의 표정은 훨씬 편안했고, 목소리는 평소보다 더 높았습니다.

 수업 성찰

교사로서 수업 중 가장 행복한 순간은 학생들의 호기심 어린 눈이 반짝일 때입니다. '니까요?'는 친구의 질문에 웃기도 하고, 놀라기도 하면서 어느새 모두를 그 안에 폭 빠져들게 만드는 매력적인 도구입니다. 학생들은 관찰한 것을 질문으로 바꾸면서 부담 없이 수업에 몰입합니다.

● **'니까요?' 활동지 예시1**

■ 위 사진을 보고 '니까요?'를 사용해서 질문을 만들어 봅시다.

①	니?
②	까?
③	요?
④	
⑤	
⑥	
⑦	

● '니까요?' 활동지 예시2

■ 다음 노래 제목을 읽어 봅시다.

〈오늘 밤 사자는 잠을 자네〉

-남아프리카 공화국

■ 위 노래 제목을 보고 '니까요?'를 사용해서 질문을 만들어 봅시다.

①	
②	
③	

■ 친구들과 만든 질문을 번갈아 하나씩 읽어 봅시다.

■ 친구들이 만든 질문 중 마음에 드는 질문을 적어 봅시다.

①	
②	
③	

질문도구2 __ 마침표-물음표

'마침표-물음표'는 관찰한 것을 진술문으로 정리하고, 그 진술문을 질문으로 만들 수 있는 질문도구입니다. 예를 들어 '나뭇잎이 노랗게 변했다.'라는 문장을 썼다면, 그 다음에는 '왜 나뭇잎은 색이 변할까?'처럼 질문을 만드는 것이지요. 진술문은 마침표로 끝나고 질문은 물음표로 끝나기 때문에, 이 질문도구를 마침표-물음표라고 부릅니다.

이 질문도구의 핵심은 '관찰-진술문-질문'이라는 사고 흐름을 따라가는 데 있습니다. 대상에 대해 질문을 떠올리기 전에, 대상을 주의 깊게 관찰하는 것이 중요하다는 것을 이 질문도구를 활용함으로써 알게 됩니다. 대상을 자세히 관찰하는 것은 생각의 재료가 되고, 관찰을 바탕으로 만든 질문은 탐구의 출발점이 될 수 있습니다. 따라서 마침표-물음표 질문도구는 다양한 교과에서 호기심을 확장하여 탐구로 이끌기에 적합합니다. 과학, 사회, 예술 등에서 사실을 관찰하고, 의문을 제기하고, 그에 따라 탐구로 나아가는 수업 흐름에 자연스럽게 연결됩니다.

진술문을 먼저 적어 보는 방식은 자신이 무엇을 봤는지 정리하고, 이를 바탕으로 질문하는 구조입니다. 따라서 이 방식을 활용하면 사고의 흐름이 명확해지고, 더 깊이 있는 질문을 만들 수 있습니다. 즉, 빠르게 말문을 트는 데는 '니까요?' 질문도구, 정리된 생각 위에 질문을 세우는 데는 '마침표-물음표' 질문도구가 효과적입니다. 두 도구를 순차적으로 활용하면, 학생들은 질문 만드는 경험을 점차 구조화하며 익혀 나갈 수 있습니다.

'마침표-물음표' 활용 방법

1 **마침표로 진술하기**
   자료를 잘 관찰하고, 관찰한 것을 바탕으로 진술문을 작성한다.

2 **물음표로 질문하기**
   진술문을 질문으로 바꾼다.

'마침표-물음표'를 활용하기 좋은 수업

① 1~2학년 통합-마을

학습주제	마을 사람들의 생활 관찰하기
성취기준	[2슬02-01] 우리가 살고 있는 마을과 사람들이 생활하는 모습을 살펴본다.
수업흐름	마을 사람들의 생활을 그림이나 문장으로 표현하기 ▶ 놀이하며 진술이나 그림을 질문으로 바꾸기 ▶ 질문에 대해 생각하고 생활 모습 맞추기

 마을 사람들의 생활 모습을 한 가지씩 관찰하고, 붙임쪽지에 그림이나 문장으로 표현합니다. 4인 모둠을 만들어 붙임쪽지 뒷면이 보이도록 엎어 놓고 한 장씩 나눠 갖습니다. 한 명씩 번갈아 자신이 뽑은 붙임쪽지 장면을 '마침표-물음표' 도구를 활용하여 문장을 질문으로 바꾸며 생각을 이야기합니다. 질문을 모아 다시 관찰 미션으로 삼고 질문, 생각, 삶을 이어 나갑니다.

② 3~4학년 미술

학습주제	유물 세상 속으로
성취기준	[4미03-01] 미술 작품을 자세히 보고 작품과 미술가에 관해 질문할 수 있다.
수업흐름	추천하고 싶은 유물 선택하기 ▶ 작품을 관찰한 내용, 느낌, 생각 표현하기 ▶ 짝, 모둠 친구들과 진술을 질문으로 바꾸고 이야기하기

국립중앙박물관 누리집에서 볼 수 있는 우리나라의 유물들을 미술 작품으로 인식할 수 있도록 소개합니다. 학생들은 추천하고 싶은 작품을 선택하고 유물 사진을 출력하거나 태블릿에 저장합니다. 붙임쪽지에 작품을 관찰한 내용, 자신의 느낌이나 생각을 진술문으로 표현합니다. 친구들과 진술문을 질문으로 바꾸며 이야기합니다.

③ 5~6학년 국어

학습주제	진술문을 질문으로
성취기준	[6국02-04] 문제 상황과 관련된 다양한 관점의 글을 읽고 이를 문제 해결에 활용한다.
수업흐름	문제 파악하기 ▶ 문제에 대한 다양한 글 읽기 ▶ 문제나 글의 중심 문장 찾고 질문으로 바꾸기 ▶ 질문을 분류하고 궁금한 점을 나누며 문제 해결 실마리 찾기

학생들이 직면한 문제를 해결하기 위해 다양한 관점의 글을 찾아 읽고, 문제 해결에 필요한 지식이나 정보를 구성하는 창의적 읽기 능력을 기르기 위한 수업입니다. 글의 중심 문장을 찾아 이를 질문으로 바꾸고 비슷한 질문끼리 분류하여 정리합니다. 질문에 대해 생각해 보며 문제 해결의 실마리를 찾습니다.

'마침표-물음표'를 활용한 수업 사례

흔히 '오늘 재미있었나요?', '다음 시간에 배울 내용은?'으로 마무리하던 수업의 정리 단계에서 '마침표-물음표'를 사용하여 학습 성찰을 이끌 수 있었습니다. 질문도구를 활용하기 전 단계까지 그림책 『감정은 무얼 할까?』를 같이 읽으며 주인공에 대해 진술문을 만들고, 질문을 만드는 활동을 진행했습니다. 그 다음 학습을 마무리하는 단계에서 마침표-물음표를 다시 활용하는 과정을 소개합니다.

학년·과목	3학년 도덕
학습주제	자신의 감정 살펴보기
성취기준	[4도01-01] 자신의 감정을 소중히 여기며 존중하는 태도를 바탕으로 내가 누구인가를 탐구한다.
수업흐름	① 오늘 학습한 주요 내용을 진술문으로 적기 ▶ ② 진술문을 질문으로 바꾸기 ▶ ③ 내가 모르는 것과 더 알고 싶은 것 돌아보기

① 오늘 학습한 주요 내용을 진술문으로 적기

학습한 내용 중 가장 기억에 남는 것 혹은 중요하다고 생각하는 것을 진술문으로 정리하도록 했습니다. 학생들은 상황에 따라 1개 혹은 2~3개의 짧은 진술문을 작성했습니다.

> **오늘의 마침표**
>
> -감정은 쉴 새 없이 바쁘다.
> -책에 나오는 것보다 더 많은 감정이 있다.
> -감정을 조절하면 유용하게 사용할 수 있다.
> -감정은 다양하다.

② 진술문을 질문으로 바꾸기

 진술문을 질문으로 바꾸도록 했습니다. 예를 들어, '감정은 다양하다.' 진술문을 '감정이 다양한 이유는 무엇일까?'라는 질문으로 바꾸는 식입니다.

> **오늘의 물음표**
>
> -다른 감정은 한 감정이 일을 할 때 무엇을 할까?
> -다양한 감정에는 무엇이 있을까?
> -어떻게 감정을 조절할까?
> -감정을 다 합치면 무슨 감정이고, 무슨 색일까?

 이 활동은 학생들이 배운 내용을 스스로의 것으로 소화하고, 탐구의 시선으로 다시 바라보게 합니다. 진술문으로 학습 내용을 정리하도록 하고, 질문으로 그 내용을 확장해 보도록 했습니다. 친구에게 질문을 던지고 답을 들어보는 과정은 다른 관점으로 사고할 수 있게 합니다. 이런 활동을 통해 학생들은 자연스럽게 서로의 생각을 연결하고 대화하는 태도를 기르게 됩니다.

③ 내가 모르는 것과 더 알고 싶은 것 돌아보기

내가 모르는 감정이 있을까?

나는 지금 어떤 감정일까?

학생들은 수업을 마치는 종이 친 줄도 모르고 질문을 만들며 또 다른 호기심으로 새로운 토의를 시작했습니다. 한 학생이 지금 공부가 즐거워서 자신의 감정색은 무지개색이라고 표현하자 많은 학생이 공감했습니다. 정리 단계에서의 진술과 질문은 오늘 학습을 되돌아보고 자신의 삶과 연결하는 계기가 되었습니다.

 수업 성찰

질문으로 바꾸는 과정은 '나는 무엇을 몰랐는가?', '더 알고 싶은 것은 무엇인가?'를 성찰하게 하며, 다음 배움으로 이어지는 사고의 발판을 마련해 줍니다. 이런 이유로 '마침표-물음표'는 배움의 흐름을 마무리하고 다음으로 이어 주는 유의미한 성찰 도구입니다. 교사가 오늘 배운 내용과 다음에 배울 내용을 전달하지 않아도, 학생들은 학습한 내용을 성찰하면서 자신의 것을 만들고 있었습니다. 학생들은 이 활동을 '오늘의 마침표, 오늘의 물음표'라고 이름 붙이며 흥미롭게 스스로 학습을 성찰할 수 있었습니다.

● '마침표–물음표' 활동지 예시1

■ 진술문(마침표로 끝나는 문장)을 질문(물음표로 끝나는 문장)으로 바꾸어 봅시다.

> (예) 질문은 물음표로 끝나는 문장입니다.
> ⇨ 질문은 물음표로 끝나는 문장입니까?

①	나뭇잎은 초록색입니다. ⇨
②	교실은 사각형입니다. ⇨
③	질문하는 것을 좋아합니다. ⇨
④	친구와 사이좋게 지냅니다. ⇨
⑤	고운 말을 사용합니다. ⇨

■ 진술문을 질문으로 바꾸는 것이 우리의 생각에 어떤 영향을 주는지 생각해 봅시다.

● '마침표-물음표' 활동지 예시2

고흐, 〈론강의 별이 빛나는 밤〉

■ 위의 그림을 살펴보고 관찰한 것을 진술문으로 적어 봅시다.

①	
②	
③	

■ 위의 그림을 살펴보고 쓴 진술문을 질문으로 바꿔 봅시다.

①	
②	
③	

■ 위의 질문 중 가장 흥미로운 질문에 동그라미 표시를 하고, 친구와 이야기를 나누어 봅시다.

질문도구3 ― 감각문

아침에 창밖에서 들려오는 새소리, 아침 식사 냄새, 가족과 함께 이야기 나누며 느끼는 음식의 맛처럼 우리는 다양한 감각을 느끼며 살아갑니다. 다양한 감각을 느끼는 것은 질문의 시작이 될 수 있습니다. 앞서 살펴본 '마침표-물음표' 활동은 주로 시각에 의존한 관찰을 바탕으로 진술과 질문을 연결했습니다. 이보다 범위를 넓혀 더 많은 감각을 활용하여 일상을 질문으로 바꿀 수 있는 질문도구가 '감각문'입니다.

감각문은 시각뿐만 아니라 청각, 후각, 촉각, 미각 등 감각을 활용해 수집한 정보를 질문으로 만드는 질문도구입니다. 학생들은 감각의 창을 통해 세상을 새롭게 바라보고, 자신의 삶을 떠올리며, 배우고 싶은 마음을 자연스럽게 꺼내 놓을 수 있습니다.

감각문은 초등학생의 발달 수준과 감각 중심의 사고 경향에 특히 잘 맞습니다. 아이들은 감각적으로 세계를 인식하고, 그 느낌을 말로 표현하며, 거기서 호기심을 발견하는 데 강점을 가지고 있습니다. 감각문은 이러한 학생들의 특성에 맞춰 학생들이 오감을 통해 정보를 수집하고 그 감각적 인지를 언어로 정리하여 질문으로 이어지는 연습할 수 있도록 돕습니다. 하지만 학생들은 때때로 눈으로 무언가를 보고 있어도 진짜로 봐야 할 것을 보지 못하고, 귀로 듣고 있어도 마음으로 듣지 않을 때가 있습니다. 또한, 오감을 써서 경험한 것을 이야기할 때에도 관찰에 근거한 사실이 아니라 자기 생각이나 느낌을 말할 때가 있습니다. 따라서 어떤 감각에 집중해야 하는지, 감각을 통해 수집한 정보를 어떻게 표현해야 하는지에 대해 안내해 줄 필요가 있습니다.

'감각문' 활용 방법

1 **감각으로 수업 열기**
오감 중 수업 주제와 관련 깊은 감각을 선정하고 이를 사용하여 알게 된 것을 이야기한다.

2 **감각에서 생각으로**
감각으로 얻은 정보에 대해 생각한다.

3 **생각에서 질문으로**
얻은 정보를 생각하며 궁금한 점을 질문한다.

'감각문'을 활용하기 좋은 수업

① 1~2학년 통합-자연

학습주제	내 주변의 자연
성취기준	[2슬01-04] 사람과 자연, 동식물이 어우러져 사는 생태를 탐구한다.
수업흐름	내 주변의 탐색하고 싶은 자연 정하기 ▶ 감각으로 느낀 자연을 단어로 표현하기 ▶ 질문하며 친구가 탐색한 자연과 사용한 감각 맞추기 ▶ 더 궁금한 부분 질문하기

주변의 자연을 시각-보기(관찰하기), 청각-듣기, 촉각-만지기, 후각-냄새 맡기 등 다양한 방법으로 탐색합니다. 탐색한 내용을 표현할 수 있는 단어를 3가지 이상 생각합니다. 단어를 붙이고 자신이 생각한 것을 모둠 친구들에게 발표하면 다른 학생들은 친구가 탐색한 자연과 감각을 맞히고 질문을 나눕니다.

② 3~4학년 과학

학습주제	밀고 당기는 감각으로 물체의 힘 느끼기
성취기준	[4과01-01] 일상생활에서 힘과 관련된 현상에 흥미를 갖고, 물체를 밀거나 당길 때 나타나는 현상을 관찰할 수 있다.
수업흐름	손끝으로 힘의 세계 느끼기 ▶ 상자 속 다양한 물건 밀고 당기기 ▶ 느낀 점 생각으로 표현하기 ▶ 생각을 질문으로 바꾸기

학생들은 촉감을 이용하여 손, 팔, 어깨에서 느껴지는 힘의 감각을 구체적으로 경험합니다. 힘의 크기와 물체의 움직임 사이의 관계를 느끼고, 여러 가지 궁금증을 질문으로 연결하며 과학적 탐구의 문을 엽니다. 이처럼 과학적 개념을 접하기 전 자신의 감각과 연결지어 질문으로 바꾸고 사고하는 경험은 추상적인 개념을 이해하는 데 큰 도움이 됩니다.

③ 5~6학년 사회

학습주제	독도의 의미
성취기준	[6사01-02]독도의 지리적 특성과 독도에 대한 역사 기록을 바탕으로 영토로서 독도의 중요성을 이해한다.
수업흐름	독도의 소리를 찾아서 ▶ 독도의 소리를 듣고 알게 된 점 붙임쪽지에 정리하기 ▶ 비슷한 소리 분류하고 생각 정리하기 ▶ 생각을 질문으로 바꾸기

독도를 영토의 한 부분 또는 교과서의 한 단원이 아니라, 감각으로 만나는 '살아 있는 땅'으로 인식합니다. 더 가깝게 여기거나 가지 못해도 자신의 다른 경험과 관련지어 의미 있는 배움으로 받아들일 수 있도록 도와줍니다. 나와의 연결, 질문의 확장을 통해 영토 의식을 기를 수 있습니다.

'감각문'을 활용한 수업 사례

3학년 음악 시간에 학생들은 요한 스트라우스 1세의 〈라데츠키 행진곡〉을 듣습니다. 이번 단원은 학생들이 음악을 '듣는 활동' 중심으로 경험하는 첫 감상 단원입니다. 감상 수업을 할 때 어려운 점은 학생들이 '무엇을 들어야 하는지' 잘 모르는 것입니다. 학생들은 그냥 음악을 듣기만 하거나, 배경음악처럼 흘려보내기 쉽습니다. 아이들이 감각을 열고 음악을 만나게 되면, 자신만의 감정과 생각을 자연스럽게 떠올립니다. 그 안에서 나온 질문은 가벼운 흥미를 넘어서, 깊이 있게 이해하려는 진짜 배움의 시작이 됩니다. 아이들이 자기 감각과 생각을 바탕으로 스스로 질문을 만들 수 있다고 믿고, 그 힘을 기르는 것에 중점을 두고 수업을 설계했습니다.

학년·과목	3학년 음악
학습주제	음악을 느껴요
성취기준	[4음02-02] 다양한 음악을 듣고 음악적 특징을 발견한다.
수업흐름	① 귀로 수업 열기 ▶ ② 감각에서 생각으로 ▶ ③ 생각에서 질문으로

① 귀로 수업 열기

학생들에게 곡에 대한 정보를 전혀 제공하지 않은 채, 오케스트라가 연주하는 〈라데츠키 행진곡〉을 약 3분간 들려주었습니다. 학생들은 자신의 귀에 들려오는 소리에 오롯이 집중했습니다.

오늘은 음악을 잘 듣고 떠오르는 것을 생각해 보고 궁금한 점을 질문으로 만들어 봅시다. 우선 음악을 듣기만 할 거예요. 무슨 소리가 들리는지에 집중해 보세요.

② 감각에서 생각으로

들은 것을 이야기하는 과정에서 학생들은 이렇게 답했습니다.

학생: 신나는 소리요.
학생: 빠른 소리요.
교사: '신난다', '빠르다'는 들은 소리일까요? 여러분의 생각일까요?

학생들이 막연하게 사실이라고 생각하며 표현하던 말에서 사실과 생각을 구분해 내기 시작하는 순간이었습니다. 학생들은 생각과 사실이 차이가 있음을 염두에 두며 이야기하기 시작했습니다. 하지만 "아름다운 소리가 들린다.", "빠른 소리가 들린다."와 같이 답을 하는, 사실과 생각의 구분을 어려워하는 학생들이 여전히 있었습니다. 들은 것을 사실이라 한다면, 사실과 생각의 구분이 어려울 때 어떻게 도움을 주면 좋을까요?

사실을 표현할 때는 '~ 이 들린다.'라고 말해 봅시다.

생각을 표현할 때는 '~인 것 같다.' 혹은 '~ 생각이 난다.' 등의 표현을 사용해서 말해 봅시다.

이러한 안내를 통해 학생들은 들은 것을 명료하게 말하고, 이어지는 질문 만들기 활동에서 사실 기반의 질문을 만들어 낼 수 있었습니다.

③ 생각에서 질문으로

학생들은 들은 것, 생각한 것을 구분하며 수업에 집중했습니다. 이어서 학생들에게 궁금한 점을 질문으로 만들어 보도록 했습니다.

들리는 것	생각한 것	궁금한 것
-트럼펫 -드럼 -바이올린 -트럼본 -비올라	-어릴 때 -행사가 생각난다. -발걸음이 가벼운 것 같다. -직접 가서 듣고 싶다.	-무슨 생각을 하면서 노래를 만들었을까? -악기는 몇 개일까? -몇 년에 만들었을까?
-바이올린 -첼로	-기분이 좋아진다. -스트레스가 풀린다.	-작곡가는 누구일까? -이 작곡가는 친구가 많을까? -이 작곡가가 태어난 곳은? -어느 나라 노래일까?

-드럼 -피리 -피아노	-풀밭에서 뛰어노는 생각	-어떤 생각으로 만들었을까? -몇 개의 악기로 연주했을까? -사람이 몇 명 왔을까?

학생들이 만든 감각문

 수업 성찰

수업을 마치고 생각에 대해 표현하는 시간을 가졌습니다.
"생각은 깊숙이 파고 들어간다."
"생각은 끝없는 미로 같다."
"생각을 하려면 잘 듣고 잘 보아야 한다."
"질문을 하면 생각하는 것이다."
학생들은 질문하는 것이 곧 생각하는 것이고, 생각하는 것은 깊이 파고 드는 것이라는 자신만의 답을 만들었습니다.
학생들은 질문 만들기에 흥미를 느끼며 많은 질문을 쏟아냈습니다. 친구의 질문에 여기저기서 자연스럽게 답을 했습니다. 이어서 곡의 분위기나 작곡가를 다시 떠올리며 새로운 질문을 이어 갔습니다. 이야기와 질문은 꼬리를 물고 이어지고, 아이들의 호기심은 점점 깊어졌습니다.

● '감각문' 활동지 예시1

■ 아래 배 그림을 잘 관찰해 봅시다.

1. 그림에서 본 것을 적어 봅시다.(~이 보입니다.)
2. 그림을 보고 생각한 것을 적어 봅시다.(~인 것 같아요.)
3. 그림을 보고 떠오르는 질문을 적어 봅시다.

본 것	생각한 것	궁금한 질문

● '감각문' 활동지 예시2

■ 아래 사진을 잘 살펴봅시다.

1. 보이는 것을 그려 봅시다.
2. 들리는 소리를 상상해서 그림에 적어 봅시다.
3. 촉감이나 냄새도 상상해서 그림에 넣어 봅시다.
4. 떠오르는 질문을 적어 봅시다.

그림	질문

3장 | 질문확장 Grow

풍성하게 질문을 키우며
사고 넓히기

Grow 단계는 호기심의 불꽃이 질문도구의 바람을 타고 더 크게, 더 멀리 뻗어 나갈 수 있도록 질문을 키우고 사고를 넓혀 줍니다. 학생들은 '우주는 끝이 있을까?'라는 호기심 어린 질문에서 출발해 '누구에게 물어보면 알 수 있을까?', '어떻게 우주의 끝을 확인할 수 있을까?', '왜 우리는 우주에 가려고 할까?'처럼 다양한 질문을 만들며 사고의 갈래를 뻗어 나갈 수 있습니다. 질문을 여러 방향으로 펼쳐보는 활동은 질문에 이어 따라올 사고의 과정에 방향성을 잡아 주는 역할을 합니다.

이 단계에서 활용할 질문도구는 '질문바람개비', '질문토네이도', '까까까?'입니다. 학생들은 이 단계에서 다양한 질문도구를 활용하여 한 가지 생각이 질문을 만나 얼마나 여러 방향으로 확장될 수 있는지, 질문이 어떻게 새로운 생각의 길을 열어 주는지 알게 됩니다. 더불어 질문이 어떻게 사고의 방향을 바꿀 수 있는지, 질문이 어떻게 관점의 변화를 가져올 수 있는지와 같이 질문이 가진 힘에 대해 깨닫게 됩니다. 이러한 과정은 질문을 탐구에 활용하고 이를 통해 사고력을 길러 나가는 밑바탕이 됩니다.

Grow 단계의 질문도구

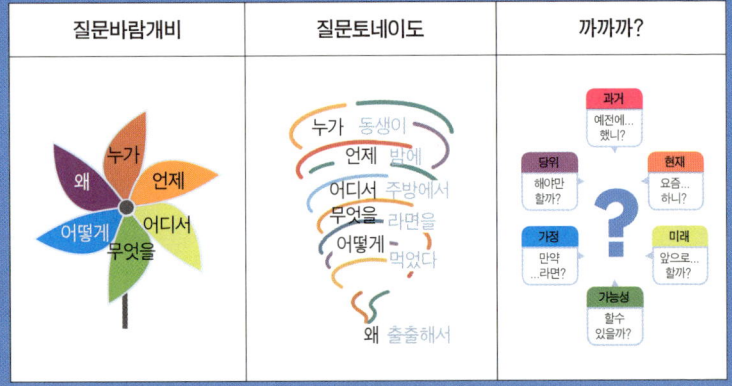

질문도구1 ___ 질문바람개비

'질문바람개비'는 육하원칙을 조합하며 질문을 만들 때 활용하는 질문도구입니다. 학생들은 학습 주제에 맞추어 질문바람개비의 각 의문사를 날개로 삼아 바람개비를 돌리듯 질문을 다각도로 확장해 나갑니다.

육하원칙은 질문이 막막한 학생들에게 생각의 시작점을 제공하여 보다 쉽게 질문을 만들어 낼 수 있도록 도와줍니다. 학생이 주도적으로 질문 만드는 힘을 기르려면, 질문의 방향을 안내해 주는 도구가 필요한데, 질문바람개비는 의문사로 질문의 방향을 제시하여 학생의 질문 유창성을 키우고, 질문에 대한 부담감을 낮추는 데 큰 역할을 합니다.

학생들은 질문을 만들고 그에 대한 답을 떠올리는 과정에서 의문사에 따라 사고의 전개 방향이 달라지는 것을 발견할 수 있습니다. 예를 들어, '왜?' 질문은 인과관계를, '어떻게?' 질문은 과정과 방법을 탐색하게 합니다. 학생들은 각각의 의문사에 따라 정보 탐색, 시공간의 맥락 이해, 인과관계 파악 등 다양한 인지적 사고를 경험합니다. 의문사로 만드는 질문의 유형에 따라 활성화되는 사고 기능이 다르기 때문에, 이 과정을 반복하다 보면 질문 만들기를 넘어 사고의 방향성을 깨닫고 이를 조직하여 구조화하는 힘이 자라게 됩니다.

이처럼 질문바람개비는 Grow 단계에서 핵심적인 역할을 합니다. 질문이 점차 구조화되면 학생들의 생각도 더욱 또렷하게 정돈되어 학생들은 질문의 방향성이 사고에 미치는 영향을 알게 됩니다.

'질문바람개비' 활용 방법

1 **질문 주제 알기**
수업과 관련된 단어, 문장, 그림이나 사진 등을 보고 질문할 대상에 관심을 갖는다.

2 **바람개비 돌리며 질문 만들기**
질문바람개비를 활용하여 육하원칙에 따라 다양한 방향으로 질문을 만든다.

'질문바람개비'를 활용하기 좋은 수업

① 1~2학년 통합-인물

학습주제	알아보고 싶은 인물
성취기준	[2바03-03] 여러 인물의 삶을 통해 공동체성을 기른다.
수업흐름	알아보고 싶은 인물 정하기 ▶ 인물에 대한 질문 육하원칙에 따라 만들기 ▶ 인물을 조사하며 질문 답 정리하기 ▶ 친구와 질문하며 인물 퀴즈 놀이

학생들은 나에게 영향을 준 인물 또는 공동체성을 발휘한 인물을 선정합니다. 인물에 대해서 질문바람개비로 질문을 만들고 책이나 디지털 도구를 이용하여 질문의 답을 찾아 정리합니다. 친구들과 정리한 내용을 나누고 인물 퀴즈 놀이를 통해 인물의 삶을 알아봅니다.

② 3~4학년 사회

학습주제	물건에 담긴 이야기
성취기준	[4사02-02] 오래된 물건이나 자료들을 주변에서 찾아보고, 이를 통해 과거의 모습을 살펴볼 수 있음을 이해한다.
수업흐름	오래된 물건 관찰하기 ▶ 물건을 보며 육하원칙으로 질문 만들기 ▶ 질문 공유하기 ▶ 질문에 답해 보기

오래된 물건과 관련된 자료를 보며 질문바람개비를 활용합니다. 학생들은 자신과 관련된 물건의 사진이나 자료를 준비해 와도 좋습니다. 사진 또는 실물 자료를 다른 학생들과 교환하고 물건에 대해 질문바람개비로 육하원칙을 활용하여 질문을 만듭니다. 질문에 대해 자유롭게 답을 하고, 질문 과정에서 과거의 모습을 살펴볼 수 있도록 합니다.

③ 5~6학년 도덕

학습주제	봉사의 의미 찾기
성취기준	[6도02-01] 봉사의 의미와 중요성을 이해하고, 타인이 처한 상황과 환경에 대한 주의 깊은 관심을 바탕으로 봉사를 실천한다.
수업흐름	봉사하는 장면 관찰하기 ▶ 육하원칙으로 질문 만들기 ▶ 질문 공유하기 질문 분류하기 ▶ 실천 계획 세우기

자료를 관찰하고 질문바람개비를 활용해 '우리가 무엇을 도울 수 있을까?', '어떻게 봉사를 시작할 수 있을까?' 질문을 나눕니다. 모둠과 질문을 공유하고, 비슷한 질문끼리 분류해 보는 활동을 하며 봉사에 대한 생각의 폭을 넓혀 갑니다. 모둠별로 관심 있는 질문에 대해 토의하거나 자료를 조사하고, 실천 계획을 세워 공유합니다.

'질문바람개비'를 활용한 수업 사례

국어 시간에 학생들은 교과서 지문을 소리 내어 읽고, 글의 내용을 파악하거나 제시된 학습 목표에 따라 활동을 이어 갑니다. 익숙한 수업의 모습이지만, 이 과정에서 읽기가 종종 기계적인 활동으로 이루어지는 현실이 안타깝게 느껴졌습니다. 읽기는 문자 정보를 따라가는 수동적인 행위가 아니라, 자신의 생각을 담아 능동적으로 의미를 구성하는 언어 활동이어야 합니다. 그러나 많은 학생들이 학습 목표에 도달하는 데 집중한 나머지, 글과 자신을 연결하는 주체적인 읽기를 경험하지 못합니다.

그래서 학생들이 읽기 전에 스스로 질문을 만들어 보는 활동을 통해, 글에 대한 호기심을 갖고 의미 있는 독서의 방향을 스스로 설정할 수 있도록 돕고자 했습니다. 질문바람개비는 학생들의 마음과 사고를 확장시키는 질문을 이끌어 내고, 독자로서의 태도를 회복하도록 도와주는 질문도구입니다. 다음은 이러한 고민과 의도를 바탕으로 국어 수업에 질문바람개비를 적용한 실제 사례입니다.

학년·과목	3학년 국어
학습주제	글의 의미 파악하며 읽기
성취기준	[4국02-01] 글의 의미를 파악하며 유창하게 글을 읽는다.

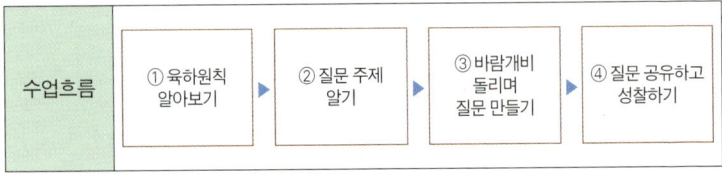

① 육하원칙 알아보기

처음부터 교사가 '질문은 누가, 언제, 어디서, 무엇을, 어떻게, 왜로 시작하는 거야'라고 대놓고 설명해 주는 대신, 학생들이 스스로 질문의 틀을 발견하는 경험을 하길 바랐습니다. 그래서 '육하원칙 찾기' 활동은 교사의 직접적인 설명보다는 학생들이 익숙한 수업 맥락을 떠올리며 자연스럽게 질문 구조를 탐색하도록 설계했습니다.

먼저, 지난 과학 시간의 주제를 얼마나 기억하는지 이야기를 나누었습니다. 교사는 칠판에 간단한 질문 여러 개를 하나씩 적어 내려갔습니다.

> 마지막 과학 시간은 언제였죠?
> 누구에 대해 배웠나요?
> 동물은 어디에 사나요?
> 동물은 무엇을 하며 살아가나요?
> 동물은 어떻게 살아가나요?
> 왜 생김새가 다를까요?

학생들은 각 질문을 읽으며 '질문에 답하려면, 문장 속 어떤 단어에 주목해야 할까?'라는 질문에 따라, 각 질문에서 의문사를 스스로 찾았습니다. '누구', '언제', '어디서', '무엇을', '어떻게', '왜' 이 단어들이 각각의 질문에서 궁금해하는 정보의 종류를 결정한다는 사실을 발견하게 되었습니다.

선생님, 질문을 만들어 주는 단어를 찾으니까 어떻게 질문해야 하는지 알 것 같아요.

학생들은 누가, 언제, 어디서, 무엇을, 어떻게, 왜가 질문의 앞머리에 붙으면, 그 뒤에 어떤 이야기가 와도 하나의 구조로 질문이 만들어진다는 점을 깨닫게 됩니다. 교사가 일방적으로 전달하는 설명이 아니라, 학생들에게 질문의 틀을 관찰하고 발견하는 과정을 거치게 한 것이죠. 이렇게 스스로 찾아낸 구조적 경험은 이후 질문도구를 사용할 때 강력한 토대가 됩니다. 학생들은 질문이란 무작위로 만들어지는 것이 아니라, 약속된 틀과 방향성을 가질 수 있음을 자연스럽게 깨닫게 됩니다. 그리고 자신도 얼마든지 배운 내용을 바탕으로 다양한 질문을 만들 수 있다는 자신감을 갖게 됩니다.

② 질문 주제 알기

국어 교과서 속 글을 읽기 전, 교과서 지문의 제목 중 세 가지 '김치', '치즈', '카프카'를 먼저 제시했습니다. 글 전체가 아닌 제목의 단어를 일부만 보여 주었을 뿐인데, 교실 안이 금세 활기를 띠며 학생들의 질문이 쏟아지기 시작했어요.

선생님, 카프카가 뭐예요?

앞에서 읽어도, 뒤에서 읽어도 카프카네?

치즈랑 김치는 먹는 건데, 카프카는 뭐지? 사람 이름인가?

김치랑 치즈는 끝말잇기인가?

이 질문들은 불필요한 말장난이나 소란이 아니었습니다. 학생들은 단어만 보고도 주제에 대해 예측하고 의미를 연결하며 언어적 유희 등 다양한 방식으로 사고를 확장하고 있었습니다. 이처럼 글의 주제나 핵심어를 중심으로 질문이 자연스럽게 생겨나는 순간, 질문바람개비를 활용한 본격적인 활동을 이어 갔습니다.

〈질문바람개비 만들기〉

원을 여섯 칸으로 나눈 질문바람개비 도안을 준비하고, 각 칸에 육하원칙을 하나씩 적어 넣습니다. 한 칸씩 적은 육하원칙은 바람개비를 돌리며 질문을 만드는 데 도움이 됩니다.

③ 바람개비 돌리며 질문 만들기

학생들은 각자 가장 궁금한 단어나 개념을 하나 골라, 그것을 중심에 두고 질문바람개비를 돌리며 육하원칙에 따라 질문을 만들었습니다.

카프카가 뭐예요? 카프카는 언제 쓰나요? 카프카는 어디서 왔지? 카프카는 먹는 것인가요? 카프카는 왜 맛있나요? 카프카는 무엇으로 만드나요? 카프카는 어떻게 만드나요?	누가 치즈를 먹었지? 언제 치즈를 먹지? 어디서 치즈를 사지? 치즈는 무엇으로 만들까? 치즈를 어떻게 녹일까? 왜 치즈는 치즈일까?

학생들이 만든 질문

처음에는 육하원칙이라는 구조가 학생들의 질문을 제한하지는 않을까 걱정되었습니다. 그러나 질문바람개비의 여섯 날개가 돌아가기 시작하자, 오히려 학생들의 사고가 더욱 자유롭고 유연하게 펼쳐졌습니다. 질문은 꼬리를 물고 이어졌으며, 몇몇 학생은 질문바람개비를 여러 번 돌리며 질문을 확장해 나갔습니다.

학생: 선생님 저는 질문바람개비를 두 번이나 돌렸어요.
교사: 질문바람개비를 돌리니 생각이 바람이 불 듯 자연스럽게 나오죠?
학생: 저는 지금 질문 폭풍 속이에요.

교사: 그래요. 지금은 질문의 바람이 마음껏 부는 시간이에요. 여러분 안의 생각과 질문을 마음껏 꺼내 보세요.

④ 질문 공유하고 성찰하기

학생들이 만든 질문 중에는 육하원칙이 명확히 드러나지 않는 경우도 있었고, 질문보다는 문장에 가까운 표현도 있었습니다. 어떤 학생은 질문 옆에 자신의 생각을 그림으로 표현하기도 했습니다. 그러나 교사는 이를 지적하거나 수정하지 않았습니다. 오히려 학생들이 서로의 질문을 나누며, 그 속에서 육하원칙에 해당하는 단어를 찾아 밑줄을 그어 보도록 했습니다. 질문을 성찰할 수 있는 기회를 제공한 것이지요.

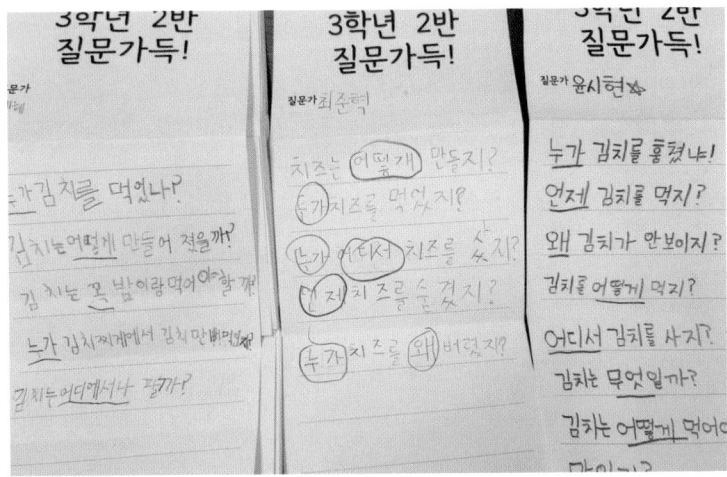

학생들은 친구들의 질문을 읽으며 자연스럽게 질문의 구조를 분석했고, 자신의 질문도 다시 돌아보았습니다. 한바탕 질문으로 놀고 난 뒤, 이제 글을 읽을 준비가 되었냐고 물어보니 학생들은 고개를 힘차게 끄덕였습니다.

빨리 읽고 싶어요. 끝에 가면 다 알 수 있나요?
제가 만든 질문이 나오는지 궁금해요.
카프카가 뭘까요?

이제 학생들은 수동적으로 글을 따라가는 독자가 아니라, 자신만의 질문을 품고 글 속으로 들어가는 능동적인 독자가 되었습니다. 질문은 글로 들어가는 초대장이 되었고, 학생들은 스스로 생각의 문을 열고 읽기를 시작했습니다.

 수업 성찰

학생들이 의무감으로 글을 읽는 것 같아 안타까웠습니다. 글이 주는 재미를 느끼고 글 속에 살아 숨 쉬는 주인공을 만나 대화 나누기 바랐지만, 현실은 수동적으로 교과서의 질문에 답만 하는 읽기에 그쳤습니다. 질문바람개비는 학생들을 기계적 읽는 독자에서 자신만의 의미를 찾는 능동적인 독자로 전환할 수 있게 도와주었습니다.

● '질문바람개비' 활동지 예시1

■ 내 가방이나 책상에 있는 물건을 살펴봅시다. 아주 평범하고 매일같이 사용하는 물건들이지요? 그 중 하나를 선택해서 책상 위에 올려놓고 질문바람개비로 질문을 만들어 봅시다. 가능한 한 많은 질문을 만들어 보세요.

내가 선택한 것은 (   )입니다.

언제	예: 언제부터 ( )을 사용했을까? 언제 ( )을 샀을까?
어디서	예: 어디서 ( )을 만들었을까? 어디에서 ( )을 쓸까?
누가	예: 누가 ( )을 가지고 있나?
무엇	
어떻게	
왜	

● '질문바람개비' 활동지 예시2

■ 내가 준비한 오래된 물건을 관찰하고 질문바람개비로 질문을 만들어 봅시다.

■ 친구가 준비한 오래된 물건을 관찰하고 질문바람개비로 질문을 만들어 봅시다.

● '질문바람개비' 활동지 예시3

■ 나에게 영향을 준 인물에 대해 질문바람개비를 활용하여 질문을 만들어 봅시다.
(질문바람개비 가운데 원 안에 인물 그림을 그리거나 사진을 붙이세요.)

■ 친구와 활동지를 교환하고 서로 영향을 준 인물에 대해 궁금한 점을 질문해 봅시다.

질문도구2 ― 질문토네이도

'질문토네이도'는 주제에 어울리는 여러 가지 서술어와 질문바람개비에서 다루었던 의문사를 활용하여 질문을 새롭게 구성할 수 있는 도구입니다. 질문의 개수만 늘리는 것을 넘어 사전지식과 경험에서 이어지는 질문을 만들며 학생들에게 유의미한 학습 경험을 제공합니다.

질문토네이도는 주제에 어울리는 동작이나 상태를 나타내는 서술어를 떠올리고, 이를 출발점 삼아 질문을 만드는 방식입니다. 서술어는 그 단어에 얽힌 기억과 경험 등의 배경지식을 되살리는 실마리입니다. 예를 들어 '만두'라는 단어에 어울리는 서술어로 '먹다', '찐다', '터지다', '빚다', '뜨겁다', '배달하다' 등의 단어를 떠올릴 수 있습니다. 수많은 서술어 중에 왜 이런 단어가 떠올랐을까요? 누군가와 만두를 먹던 장면, 김이 모락모락 나는 찜통 앞, 손으로 만두를 빚던 기억, 배달 앱을 켜던 순간 등 모두가 삶과 연결된 장면들입니다. 이처럼 서술어를 떠올리는 활동은 자신의 경험을 학습과 연결하며 사고의 회로를 설계하는 기초 작업이 됩니다.

학생들은 스스로의 경험에서 꺼낸 서술어와 다양한 의문사를 조합하며 질문을 새롭게 구성해 봅니다. 같은 서술어라도 '왜', '어떻게', '누가'와 같이 각기 다른 의문사를 붙이면 전혀 다른 방향으로 사고를 이끌어가는 질문이 만들어집니다. 많은 학생이 이 활동을 하면서 처음엔 질문할 게 없었는데, 단어 하나로 시작하니 궁금한 것들이 계속 생겼다고 말했습니다. 학생들은 이 질문도구를 통해 '질문을 하니 더욱 궁금해지는' 경험을 하며 사고의 재미를 맛보게 됩니다.

'질문토네이도' 활용 방법

1 **사전지식 떠올리기**
사전지식 및 경험을 학습 주제와 연결한다.

2 **서술어와 연결하기**
학습 주제와 어울리는 서술어(행동, 상태, 성질 등)를 생각그물, 브레인스토밍 등의 방법으로 정리한다.

3 **서술어와 육하원칙 연결하기**
선택한 서술어와 질문바람개비를 활용하여 한 주제를 다양한 방향과 깊이로 질문을 확장한다.

'질문토네이도'를 활용하기 좋은 수업

① 1~2학년 수학

학습주제	시계를 보고 시각 읽기
성취기준	[2수03-07] 시계를 보고 시각을 '몇 시 몇 분'까지 읽을 수 있다.
수업흐름	시계 관찰하기 ▶ 시계의 시각과 관련된 서술어 찾아보기 ▶ 서술어와 육하원칙 연결하여 질문 만들기 ▶ 질문에 답해 보기

학생들은 시계를 관찰하고 시각을 읽으며 그 시각에 자신이 무엇을 하는지, 어떤 감정을 느끼는지 서술어로 표현합니다. 여러 경험을 통해 질문토네이도로 질문을 만들고 답하며 시각의 의미, 시계를 봐야 하는 이유 등을 찾을 수 있습니다.

② 3~4학년 사회

학습주제	나 그리고 너, 우리가 사는 곳 탐색하기
성취기준	[4사01-02] 주변의 여러 장소를 살펴보고, 우리가 사는 곳을 더 살기 좋은 곳으로 만드는 방안을 탐색한다.
수업흐름	마을 지도를 통해 주변의 여러 장소 살펴보기 ▶ 모둠별로 장소 선정하고 서술어로 정리하기 ▶ 서술어와 육하원칙 연결하여 질문 만들기 ▶ 질문에 답해 보기

학생들이 생활공간을 주도적으로 탐색하는 태도를 기르고, 일상에서 느꼈던 장소의 장점·문제를 직접 발견하는 관찰력과 문제해결력을 기를 수 있습니다. '내가 사는 곳'에 대한 서술어를 생각하여 질문토네이도로 질문과 연결하면서 애정과 책임감을 길러 더 나은 우리 동네를 만들어 가는 사고를 기를 수 있습니다.

③ 5~6학년 과학

학습주제	지구를 살리는 아이디어를 찾기
성취기준	[6과07-01] 물체의 따뜻하고 차가운 정도를 온도로 표현함을 알고, 온도계를 이용하여 온도를 측정할 수 있다.
수업흐름	열과 우리 생활에 대한 사전지식 나누기 → 물체의 온도를 서술어로 정리하기 → 서술어와 육하원칙 연결하여 질문 만들기 → 질문 중심으로 실험 설계하기

학생들은 질문을 중심으로 열의 이동 현상(전도, 대류, 복사)의 서술어를 떠올리며 어려운 과학적 현상을 잘 이해할 수 있습니다. 질문을 하면서 과학을 실제 삶과 연결 지어 사고할 수 있게 됩니다. 만들어진 질문을 분류하며 탐구 주제 선정부터 실생활 단열 사례, 환경 문제까지 사고의 폭을 넓힐 수 있습니다.

'질문토네이도'를 활용한 수업 사례

 과학이나 사회 교과의 새로운 단원을 시작할 때, 교사들은 흔히 학생들의 사전지식을 확인하는 진단 평가를 하거나, 간단한 문제를 제시하면 손을 든 학생이 답하는 방식으로 학습의 출발점을 점검합니다. 하지만 이런 방식은 일방적인 지식 전달에 그치기 쉬워서, 학생에게 새로운 주제에 대해 호기심을 갖게 하거나 학습을 자신의 삶과 연결하도록 만들기 어렵습니다. 그래서 학생 각자의 사전 지식과 앞으로의 배움을 연결고리 삼아, 수업에 능동적으로 참여하고 사고를 확장하는 질문토네이도를 수업에 적용했습니다.

 다음은 '생물의 한 살이' 주제 수업의 사례입니다. 직접 곤충을 키우며 관찰하고 기록하기 때문에 학생들이 좋아하는 학습 주제입니다. 질문도구를 활용해서 관찰하면 학생들이 사고와 탐구의 세계로 한 발 더 나아갈 수 있다는 점에 이 수업의 초점을 두었습니다.

학년·과목	3학년 과학
학습주제	동물의 한살이
성취기준	[4과04-01] 동물의 한살이를 직접 관찰하고, 관찰한 내용을 글과 그림으로 표현할 수 있다.

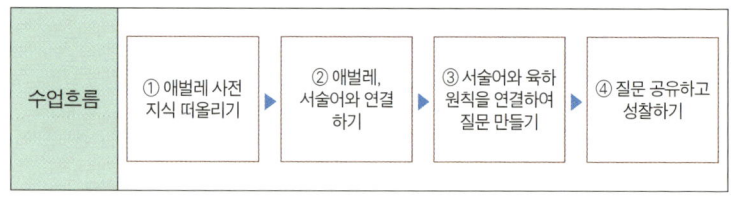

① 애벌레 사전지식 떠올리기

　애벌레라는 학습 주제가 나오자마자 여기저기서 자신이 아는 것에 대한 이야기가 터져 나왔습니다. 학생들에게 Spark 단계에서 익힌 마침표-물음표 질문도구를 꺼내자고 했습니다. 학생들은 애벌레에 대해 알고 있는 문장들을 붙임쪽지에 쓰기 시작했습니다. 이미 익힌 질문도구들은 학생들이 자주 사용할 수 있도록 다른 도구들과 함께 사용했습니다. 도구를 자주 다루면 학생들이 질문도구를 온전히 자신의 것으로 만들 수 있습니다.

　네 명이 한 팀을 이루어 각자 만든 마침표 문장들을 모았습니다. 각자 바꾸고 싶은 문장을 선택해 물음표 질문으로 친구들에게 묻

도록 했습니다. 질문으로만 바꾸어도 좋고, 학생들이 아는 것에 대해 서로 이야기 나눠도 좋습니다. 놀라운 점은 학생들이 질문도구에 익숙해질수록 어떻게든 답을 나누고 싶어 했다는 것입니다. 답은 또 다른 질문을 끌어내고 질문은 사고를 확장하고 연결하게 합니다.

교사: 우리 모둠에서 탐구해 보고 싶은 질문을 선택했나요?
학생: '애벌레는 왜 말랑거릴까요?'입니다.
학생: '모든 애벌레가 나비가 되는 최고의 방법은 무엇일까요?'입니다.

학생들에게 학습 주제와 새로운 질문도구에 대해 마음을 열도록 하는 것은 늘 중요합니다. 관련된 책을 국어 시간을 활용하여 읽거나 실제로 애벌레를 키우는 프로젝트도 함께 진행합니다. 이러한 환경은 질문을 더욱 풍성하게 하고 사고를 확장하는 데 큰 도움을 줍니다.

② 애벌레, 서술어와 연결하기

관찰과 생각을 충분히 나누고 쌓아서, 서술어 중심의 생각그물을 만들었습니다. 생각그물은 마인드맵을 학생 수준에 맞게 바꾼 용어입니다. 마인드맵 형태가 아닌 브레인스토밍(Brainstorming)도 사용할 수 있습니다. 서술어의 뜻을 사전적 정의로 제시하지 않고,

애벌레의 움직임·상태·성질을 나타내는 단어를 마음껏 떠올리게 하고 그것을 서술어라고 한다고 했습니다.

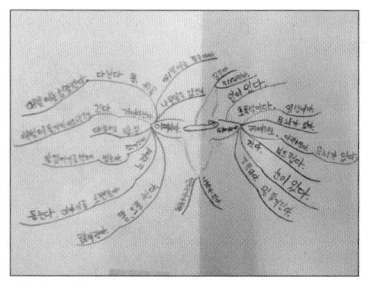 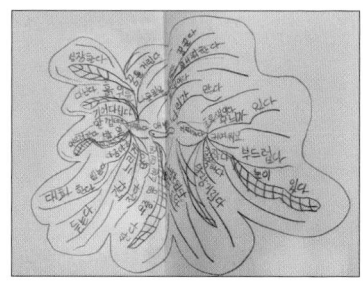

학생들이 찾은 서술어

모든 학생이 한 명씩 돌아가며 자신이 알고 있는 서술어를 발표했습니다. 이렇게 모두가 참여하는 발표는 학생 각각이 수업의 주인공이 되고, 학생들에게 사고의 참여를 이끄는 중요한 과정이 되기도 합니다.

관찰한 것을 바탕으로 하기 때문에 상태를 표현하는 서술어를 많이 찾았다는 것을 알 수 있었습니다. 이럴 때 '애벌레가 할 수 있는 것은 무엇일까?'라는 질문으로 애벌레의 움직임과 관련한 서술어를 생각할 수 있도록 안내하여 서술어의 방향성을 흔들어 주고, 다양한 측면에서 생각해 볼 수 있는 계기를 만들어 주었습니다. 학생들은 자신이 알고 관찰한 것을 표현하고자 노력했고, 책에서 읽은 단어를 사용하여 풍성하고 다양한 서술어를 찾았습니다.

③ 서술어와 육하원칙을 연결하여 질문 만들기

학생들은 생각그물에서 고른 서술어와 질문바람개비의 의문사를 연결해, 애벌레에 관한 다채로운 질문을 만들어 냈습니다.

살다	말랑거린다
● 애벌레는 언제부터 살았지? ● 애벌레는 누구랑 살지? ● 애벌레는 어디서 살지? ● 애벌레는 무엇으로 살지? ● 애벌레는 어떻게 살았지? ● 애벌레는 왜 살까?	● 누가 애벌레를 말랑거리게 했을까? ● 언제 애벌레가 말랑거릴까? ● 애벌레는 어디서 말랑거리지? ● 애벌레는 무엇보다 말랑거리지? ● 애벌레는 어떻게 말랑거리지? ● 왜 애벌레는 말랑거릴까?

학생들이 만든 질문

학생들은 질문을 만들어 가는 과정에서 질문바람개비 활동만 할 때보다 훨씬 더 많은 것을 고민하게 됩니다. 3가지 단어를 연결시켜야 하기 때문이죠. 제한처럼 느껴질 수 있는 틀이, 오히려 생각을 바꾸고 다시 살펴보게 합니다. 때로는 깊게, 때로는 넓게 사고가 확장되는 발판이 됩니다.

④ 질문 공유하고 성찰하기

다음은 '살다'라는 서술어를 선택한 학생이 모둠 친구들과 질문 공유 시간에 나눈 대화 내용입니다.

애벌레는 왜 살까?

맛있는 잎을 먹으려고?

나비가 되기 위해 사는 것 아닐까?

나비가 안 되고 싶은 애벌레도 있지 않을까?

그래도 애벌레는 나비가 되기 위해 노력하지 않을까?

우리 응원해 줄까?

우리가 크니까 너무 크게 응원하면 시끄러울 수 있어.

애벌레도 귀가 있어?

확인해 보자!

어떻게?

일단 눈에는 안 보였어.

돋보기로 보면 될까?

근데 애벌레 귀는 어떻게 생겼는데? 그게 귀인지 어떻게 알아?

애벌레 책 찾아보자.

질문을 공유하고 자신이 알고 생각하는 범위 내에서 표현하며 학생들은 질문과 함께 유연하게 서로의 생각을 연결하고 확장해 나갔습니다. 애벌레의 삶을 응원하고 싶은 학생들의 대화를 듣다 보면 꼬마 철학자 같기도 했습니다.

수업 성찰

질문토네이도를 활용할 때는 학생들이 자연스럽게 질문을 공유하는 시간이 매우 중요합니다. 학생들은 서로의 질문에 자신이 알고 있는 지식으로 답해 보면서 생각을 연결하고 확장하게 되지요. 자신의 지식과 사고 과정을 성찰할 수 있습니다. 의견이 다르거나 답하기 어려운 질문은 칠판에 모아 수업 시간에 다룰 수 있는지, 혹은 별도의 탐구 과제로 적절한지 판단하며 분류합니다. 이처럼 질문에서 또 다른 질문으로 이어지는 대화와 정리 과정은 학생들의 사고를 점점 더 깊이 있고 분석적으로 만들어, 스스로 탐구하는 태도를 길러 줍니다.

● '질문토네이도' 활동지 예시1

■ 공원 하면 떠오르는 서술어를 질문토네이도에 써 봅시다.

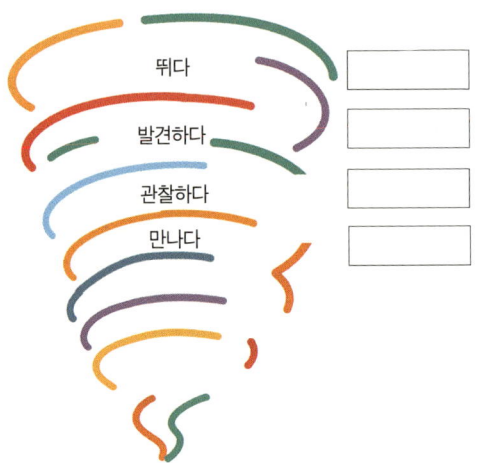

■ 서술어를 선택하고 질문바람개비로 질문을 만들어 봅시다.

● '질문토네이도' 활동지 예시2

■ 물체의 온도와 관련된 서술어를 떠오르는 대로 질문토네이도에 써 봅시다.

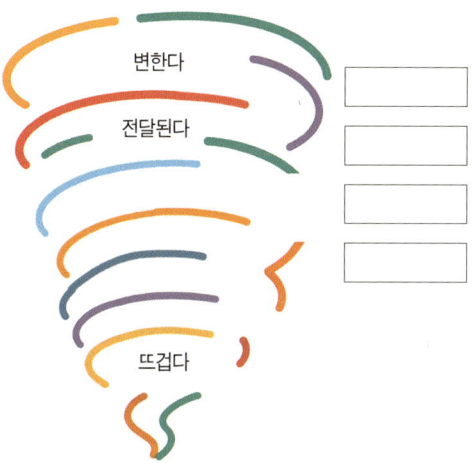

■ 물의 온도와 관련된 서술어를 선택하고, 질문바람개비를 이용하여 궁금한 점을 질문해 봅시다.

질문도구3 __ 까까까?

'까까까?'는 과거나 현재, 당위나 가능성처럼 조건에 따라 질문의 끝맺음을 바꾸어 보며 사고를 확장할 수 있는 도구입니다. 예를 들어, '왜 플라스틱을 써요?'라는 질문을 당위의 조건 '~해야만 할까?'를 활용해 바꾸어 보면, '앞으로도 플라스틱을 써야만 할까?'와 같이 가치 판단을 요구하는 질문으로 확장할 수 있습니다. 까까까?는 조건을 바꾸는 복잡한 과정을 문장의 끝맺음만 바꾸는 방식으로 단순화시킨 도구로, 이 도구를 활용하면 학생들이 여러 가지 조건을 변형하여 적용하는 고차원적 사고를 쉽게 경험할 수 있습니다.

까까까? 질문도구를 활용하여 논리적 추론이나 윤리적 판단을 요구하는 질문을 만들고 그에 대한 답을 생각하는 과정을 반복하여 경험하다 보면 가정, 가능성, 당위형 사고를 이끌 수 있는 언어를 익힐 수 있습니다. 그리고 이를 삶의 다른 맥락으로 전이하여 활용할 수 있습니다. 이는 평생학습자로 살아갈 학생들에게 유용한 도구가 되어 줄 것입니다.

조건 유형	끝맺는 말 예시	사고 방향
과거	예전에 …했니?	이전 사실 확인
현재	요즘 …하니?	지금의 상태 인식
미래	앞으로 …할까?	예측, 전망
가능성	…(안)할 수 있을까?	대안 탐색, 선택
가정	만약 …다면, 어떻게 될까?	가정적 사고
당위	…해야만 할까?	책임, 윤리적 판단

조건 유형에 따른 질문 끝맺음 예시

'까까까?' 활용 방법

1 **끝맺음 말의 유형 살펴보기**
  끝맺음 말의 유형(현재, 과거, 미래, 가능성, 조건, 당위)을 익힌다.

2 **연상 단어 모으기**
  학습 주제와 관련된 단어, 문장, 그림, 사진 등을 확인하고 연상되는 단어를 모은다.

3 **질문 끝맺음 바꾸기**
  6가지 끝맺는 말을 사용하여 6가지 유형의 질문을 만든다.

'까까까?'를 활용하기 좋은 수업

① 1~2학년 통합-계절

학습주제	계절에 따른 우리 생활 파악하기
성취기준	[2슬03-02] 계절과 생활의 관계를 탐구한다
수업흐름	계절과 관련된 단어 떠올리기 ▶ 모둠에서 계절과 관련된 단어 선정하기 ▶ 다른 모둠과 교환하여 '까까까?' 질문 만들기 ▶ 질문 나누고 이야기하기

　계절과 관련된 경험 및 사전지식을 떠올리며 까까까? 질문도구를 사용합니다. 모둠별로 토의를 통해 각 계절을 대표하는 단어를 선정합니다. 선정한 단어를 다른 모둠과 교환하고, 계절과 낱말에서 연상되는 서술어를 가지고 까까까?를 활용해 질문을 만듭니다. 질문에 관한 생각을 친구들과 나누고, 중요하다고 생각되는 질문은 모아서 다음 수업의 탐구 과제로 활용합니다.

② 3~4학년 사회

학습주제	현명한 소비
성취기준	[4사07-01] 자원의 희소성으로 인해 경제활동에서 선택의 문제가 발생함을 이해하고, 경제활동에서 합리적 선택의 방법을 탐색한다.
수업흐름	최근 나의 소비 활동을 문장으로 쓰기 ▶ '까까까?'를 활용하여 자신의 소비에 관한 질문 만들기 ▶ 질문에 답하며 나의 소비 활동 돌아보기

최근 자신의 소비 활동을 떠올리며 진술문으로 써 봅니다. 까까까?를 활용하여 6가지 방향으로 자신의 소비 활동에 관한 질문을 만들어 봅니다. 선택의 문제가 발생하는 이유와 희소성 개념을 관련지어 파악할 수 있도록 예시 문장을 제시할 수도 있습니다. 합리적 또는 현명한 선택의 관점에서 까까까? 질문을 만들 수도 있습니다.

③ 5~6학년 실과

학습주제	인공지능이 바꿀 우리의 삶 상상하기
성취기준	[6실05-05] 인공지능이 만들어지는 과정을 체험하고, 인공지능이 사회에 미치는 영향을 탐색한다.
수업흐름	인공지능으로 변화할 우리 삶 상상하기 ▶ 관련 있는 상상끼리 분류하기 ▶ '까까까?'를 사용할 문장 선택하기 ▶ 질문으로 바꾸고 나누기

인공지능으로 변화할 우리 삶의 모습을 붙임쪽지에 쓰고 관련 있는 내용끼리 분류합니다. 까까까?를 사용해서 바꿀 문장을 선택합니다. 선택한 문장을 까까까?의 6가지 끝맺음 말을 이용해 질문으로 바꿔 봅니다. 각 모둠은 질문 중 한 가지를 택해 더 깊이 토의하거나 탐구합니다. 인공지능으로 인한 직업 변화, 정보 신뢰, 인간관계 등의 주제를 더하며 까까까?를 활용할 수 있습니다.

'까까까?'를 활용한 수업 사례

 한 번 머릿속에 자리 잡은 내용은, 비록 그것이 오개념임을 알게 되어도 쉽게 바꾸기 어렵습니다. 한 방향으로만 바라보다 보면, 다른 각도로 바꿔 보는 것 역시 쉽지 않습니다. 국어 시간 글을 쓰기에 앞서 주제에 대해 까까까?를 활용하면, 사고의 방향을 유연하게 전환하고 다양한 관점에서 주제를 바라볼 수 있게 됩니다.

학년·과목	4학년 국어
학습주제	플라스틱을 주제로 자신의 의견을 주장하는 글쓰기
성취기준	[4국03-03] 대상에 대한 자신의 의견과 그렇게 생각한 이유가 드러나게 글을 쓴다.
수업흐름	① 끝맺는 말의 유형 살펴보기 ▶ ② 학습 주제 평가하고, 연상되는 단어 모으기 ▶ ③ 6가지 끝맺음 말로 질문 만들기 ▶ ④ 중요한 질문 선택하고 글쓰기

① 끝맺는 말의 유형 살펴보기

 새로운 질문도구를 도입할 때는 학습자의 인지적 부담을 줄이기 위해 가급적 쉬운 예시로 접근하는 것이 효과적입니다. 질문 끝맺음이 바뀌는 것만으로도 질문의 의도와 방향이 완전히 달라질 수 있음을 이해하도록, 흥미로운 질문을 사례로 제시했습니다.

> **진술문**: 민트초코를 좋아해
> **질문**: 민트초코를 좋아하니?
> 민트초코를 좋아했니?
> 민트초코를 좋아할까?
> 민트초코를 좋아할 수 있을까?
> 만약 민트를 좋아한다면 민트초코를 좋아할까?
> 민트초코를 좋아해야만 해?

처음에는 대부분의 학생이 제시된 질문을 보고 다 같은 질문 아니냐는 반응을 보였습니다. 하지만, 하나씩 소리 내어 읽고 답을 떠올려 보면서, "이건 앞으로의 일을 물어보는 거네요!", "이건 지금을 묻고 있어요!", "이건 꼭 그래야 하냐고 따지는 것 같아요."라며 질문 끝맺음의 유형을 파악했고, 끝맺음의 변화에 따라 질문의 방향이 달라진다는 것을 알아차리게 되었습니다.

교사가 직접 끝맺음 말의 유형을 제시하고 설명하기보다 만들어진 질문을 보며 학생들이 스스로 추론하고 발견하는 방식으로 수업을 이끌자, 질문 유형에 대한 이해가 훨씬 깊어졌습니다. '당위' 질문은 낯설고 어려워했지만 '정말 그래야만 해?', '꼭 그래야 해?'라는 예시를 들자, 학생들은 그 질문 유형의 의도를 금방 알아챘습니다. 학생들이 끝맺음 말의 유형을 충분히 파악한 상태라면, 이 단계를 생략하고 바로 학습 주제와 연결 지어 시작합니다.

② 학습 주제 평가하고, 연상되는 단어 모으기

학습 주제와 관련하여 일회용 플라스틱 물병과 '플라스틱'이란 단어를 제시했습니다. 쓰레기, 일회용품, 환경오염, 바다거북, 물티슈 등 학생들은 각자 떠오르는 단어를 자유롭게 발표했습니다. 한 학생이 "저는 물티슈를 하루에 다섯 장은 쓰는 것 같아요."라고 말하자, 주변 친구가 "근데 우리가 환경을 지켜야 한다고 자주 들었잖아."라고 말하는 것처럼, 지식과 실제 행동 사이의 차이를 자연스럽게 성찰하는 분위기로 이어졌습니다.

이처럼 연상 단어를 모으는 활동은 단어의 나열에서 끝나지 않았습니다. 학생들은 자신의 경험과 생각을 바탕으로 적극적으로 발표하고 토론하며 서로의 생각을 나누었습니다. 이 과정은 주제에 대한 다양한 시각을 갖게 하고 이후 질문을 만들 때 더 깊고 넓은 사고로 뻗어나가는 발판을 마련했습니다. 학생들은 질문이란 결국 내 생각의 출발점에 따라 전혀 다른 길로 나아갈 수 있다는 사실을, 이 과정에서 자연스럽게 체험하게 되었습니다.

③ 6가지 끝맺음 말로 질문 만들기

한 명이 새로운 질문을 던지면 다른 친구들이 자연스럽게 그 주제로 여섯 가지 질문을 세트로 완성해 나갔습니다.

플라스틱을 많이 쓰고 있니? (현재)

플라스틱은 언제부터 사용했을까? (과거)
플라스틱을 계속 사용하면 바다는 어떻게 될까? (미래)
플라스틱 없이 살 수 있을까? (가능성)
만약 플라스틱이 모두 사라진다면 우리 생활은 어떻게 변할까? (가정)
우리는 플라스틱 사용을 줄여야만 할까? (당위)

처음에는 학생들이 비슷한 질문만 만들지 않을까 걱정했지만, 실제로는 놀랍도록 다양한 질문이 쏟아져 나왔습니다. 플라스틱의 활용부터 환경오염까지, 학생들 저마다의 호기심과 상상이 담긴 질문이 꼬리를 물고 이어졌습니다. 학생들은 기계적으로 끝말을 바꾸는 것이 아니라, 각자의 관점으로 플라스틱을 바라보며 전혀 다른 질문을 만들었습니다. 톡톡 튀는 아이디어를 만든 모둠의 질문을 소개합니다.

우리 집 쓰레기통에 플라스틱이 산처럼 쌓여 있을까? (현재)
옛날 공룡들도 플라스틱 장난감을 가지고 놀았을까? (과거)
플라스틱이 계속 바다에 들어가면 물고기들이 플라스틱 집을 지을 수 있을까? (미래)
만약 모든 플라스틱이 초콜릿으로 만들어진다면 다 먹어 버릴 수 있을까? (가능성)
플라스틱이 '나 이제 사라질 거야!'라고 말한다면 어떻게 될까? (가정)

이처럼 충분한 시간과 기회는 학생들의 사고를 폭발적으로 이끌어 냅니다. 교실은 어느새 엉뚱하고 기발한 질문으로 가득 찼고, 학생들은 서로의 생각에 웃고, 놀라고, 다시 질문을 던졌습니다.

④ 중요한 질문 선택하고 글쓰기

주제에 대해 까까까?로 질문을 만들고 친구들과 이야기를 나누고 난 뒤, 각자 중요하게 생각하는 질문 또는 글로 쓰고 싶은 질문을 선택했습니다. 학생들은 자신이 선택한 질문에 주인의식을 가지고 어떤 글쓰기 시간보다도 몰입하는 모습을 보였습니다.

 수업 성찰

까까까? 질문도구가 4학년 학생들에게 다소 어려울 것이라 예상했습니다. 그러나 의외로 학생들은 정해진 틀과 관점 속에서 오히려 더 창의적으로 사고하며 질문을 만들어 냈습니다. 질문을 비교하며 패턴을 발견하고 스스로 의미를 찾아가는 활동을 통해, 질문도구로 놀고 사고하는 학생들을 만났습니다. 처음에는 고개를 갸웃거리던 학생들이 점차 스스로 질문을 만들고 자신감을 얻어 가며 국어과 목표인 쓰기의 자신감도 함께 기르는 모습을 관찰할 수 있었습니다.

● '까까까?' 활동지 예시1

■ 겨울, 봄, 여름, 가을 계절을 선택하고 그 계절과 관련 있는 서술어를 서술어 보따리에 적어 봅시다.

〈우리 모둠이 선택한 계절: 〉

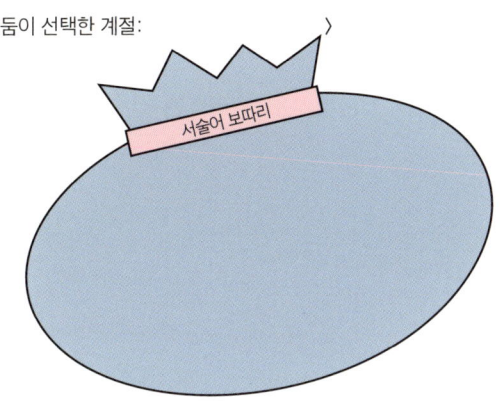

■ 친구들이 찾은 서술어 보따리에서 까까까? 질문으로 바꾸고 싶은 서술어를 선택하고 질문을 만들어 봅시다.

〈우리 모둠이 선택한 서술어: 〉

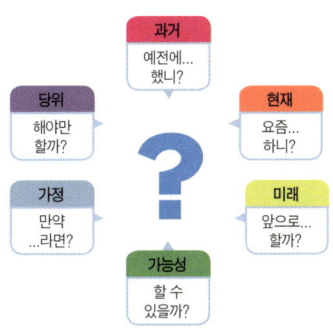

■ 가장 중요하다고 생각하는 질문을 고르고 친구와 질문에 대한 의견을 나누어 봅시다.

● '까까까?' 활동지 예시2

■ 인공지능으로 변화할 우리 삶의 모습을 친구들과 이야기며 3x3 빙고판에 키워드를 적어 봅시다.

■ 3x3 빙고판의 키워드 3가지를 선택하여 '인공지능' 단어를 넣어 문장을 만들어 봅시다.

_____

_____

■ 내가 만든 문장을 '까까까?'를 이용하여 질문으로 만들어 봅시다.

과거	
현재	
미래	
가능성	
가정	
당위	

● '까까까?' 활동지 예시3

■ 다양한 감정에 대해 친구들과 이야기 나누어 봅시다. 파란색에는 ☺ 감정을, 흰색에는 ☹ 감정을 적어 봅시다.

자랑스럽다						
실망하다	행복하다	우울하다				
	당황스럽다	신나다				

■ 위에 적은 감정 중 하나를 골라 그 감정을 느꼈을 때 나의 모습을 그리고 설명하는 문장을 써 봅시다.

	_____ _____ _____ _____ _____ _____

■ 내가 만든 문장을 '까까까?'를 활용하여 질문으로 만들어 봅시다.

과거	
현재	
미래	
가능성	
가정	
당위	

4장 **질문정교화 Focus**

질문을 정교화하여
탐구 설계하기

어린아이일수록 궁금한 것이 많아 수많은 질문을 쏟아내곤 합니다. 그러나 모든 질문이 의미 있는 사고나 탐구로 이어지지는 않습니다. 풍부하게 생성된 질문을 초점을 갖고 다시 살펴보면 어떤 질문에 대해 비중을 두고 탐구할지 결정할 수 있습니다. 질문을 만드는 것뿐만 아니라 사고의 초점을 설정하는 것도 연습이 필요합니다. 세 번째 단계가 'Focus(정교화)'라는 이름을 갖게 된 이유입니다.

Focus 단계에서는 질문에 대해 질문을 던지며 새로운 관점을 설정하며 질문을 분류하고 다듬어 가는 과정을 거칩니다. 이를 통해 질문을 날카롭게 보고 질문이 촉발하게 될 사고를 더욱 정교화할 수 있습니다. 이 단계에서 학습의 방향이 '질문을 통해 사고하기'에서 '사고를 통해 질문 다루기'로 전환됩니다. 이 과정을 겪으면서 학생은 사고를 펼치는 아이에서 사고를 정교화하는 아이로 성장하며 탐구를 향해 나아갑니다.

이 단계에서 활용하는 질문도구는 '개념안경', '질문CEO', '질문지도'입니다. 개념안경을 활용하면 개념을 초점으로 삼아 질문의 관점과 방향을 설정하는 연습을 할 수 있습니다. 질문CEO로는 열린 질문과 닫힌 질문 만들기를 통해 질문에 의도를 담아 적절한 형태의 질문을 만드는 방법을 배우게 됩니다. 질문지도는 수많은 질문 중 탐구로 이어질 질문을 가려내고 질문의 우선순위를 매겨 탐구의 설계도로 이을 수 있도록 도와줍니다. 이 세 가지 질문도구는 개별적으로도 활용할 수 있지만, 단계적으로 연결할 때 사고의 흐름을 형성하며 학생이 탐구를 스스로 설계하고 주도하는 데 효과적으로 작용합니다.

Focus 단계의 질문도구

개념안경	질문CEO	질문지도

질문도구1 __ 개념안경

'개념안경'은 개념을 활용해 질문을 만들고 생각의 초점을 바꿀 수 있도록 돕는 질문도구입니다. 학생은 '형태, 기능, 인과, 변화, 연결, 관점, 책임'과 같은 다양한 개념을 마치 안경을 착용하듯 사용하여 대상을 바라보고 질문을 만듭니다. 예를 들어 '지구 온난화'라는 주제를 다룰 때, 연결안경을 쓰면 '지구 온난화는 생태계에 어떤 영향을 주고받는가?', 책임안경을 쓰면 '이 문제에 대해 내가 할 수 있는 일은 무엇일까?'와 같은 질문을 떠올릴 수 있습니다. 같은 주제라도 어떤 개념안경을 쓰느냐에 따라 사고의 초점과 깊이가 달라지며, 학생들은 이러한 과정에서 개념을 통해 질문을 조직하고, 사고를 한층 구체적이고 체계적으로 발전시켜 나갑니다.

이미 만들어진 질문을 개념안경이라는 이름의 개념적 틀로 다시 바라보고, 개념안경을 다양하게 바꾸어 가며 점검하다 보면 생성된 질문에 빈틈이 보이기도 하고 중복되어 불필요한 부분을 발견할 수도 있습니다. 이처럼 개념안경은 질문 간의 구조를 파악하고 탐구의 흐름을 설계할 수 있도록 도와주는 정교화 도구로서 역할을 합니다.

이 책에서 다루는 7가지 개념은 IB PYP(International Baccalaureate Primary Year Program)가 제시하는 형태, 기능, 인과, 변화, 연결, 관점, 책임의 개념으로 구성했습니다. 이 개념은 매크로 개념으로 광범위하고 여러 분야로 전이될 수 있다는 특징을 갖고 있습니다.

개념안경을 반복적으로 사용하면, 학생들은 각 개념이 요구하는 사고방식에 익숙해지고 이를 사고의 틀로 받아들이게 됩니다.	 **형태(Form)안경** 사물이나 현상을 세밀하게 관찰하고, 겉으로 드러난 구조나 특성을 표현하게 함
 **기능(Function)안경** 대상의 존재 이유와 역할을 파악하며, 사물이나 제도의 목적과 쓰임 또는 작동방식을 논리적으로 설명하게 함	 **인과(Causation)안경** 현상의 원인과 결과를 탐색하고, 겉으로 드러난 일 뒤에 숨겨진 이유를 탐색하게 함

	변화(Change)안경 시간의 흐름 속에서 사물이나 사회가 어떻게 달라졌는지 추적하며, 변화의 양상과 의미를 찾게 함	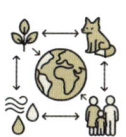	연결(Connection)안경 모든 개별 요소가 서로 영향을 주고받는 상호작용의 체계 속에 있음을 발견하게 함
	관점(Perspective)안경 자신과 다른 시선으로 현상을 바라보려는 태도를 갖고, 다양한 입장과 견해를 고려하게 함		책임(Responsibility)안경 자신의 생각이나 행동이 사회에 미치는 영향을 깨닫고, 개인과 공동체의 책임을 고민하게 함

'개념안경' 활용 방법

1 질문 만들기
  익숙한 사물이나 주제로 질문을 만들며, 개념안경을 써서 질문을 만들 때와 차이를 실감한다.

2 개념안경 알기
  7가지 개념의 의미를 이해하고, 개념이 세상을 바라보는 사고의 틀임을 안다.

3 개념안경으로 질문 만들기
  다양한 개념안경을 쓰고 대상을 바라보며, 사고의 방향을 전환하고 질문을 생성한다.

'개념안경'을 활용하기 좋은 수업

① 1~2학년 수학

학습주제	규칙을 찾아 여러 가지 방법으로 표현하기
성취기준	[2수02-01] 물체, 무늬, 수 등의 배열에서 규칙을 찾아 여러 가지 방법으로 표현할 수 있다.
수업흐름	물체, 무늬, 수 등을 형태 안경을 쓰고 분류하기 ▶ 말, 수, 그림, 기호, 행동 등으로 다양하게 규칙 표현하기 ▶ 다양하게 만든 규칙 평가하기

생활 주변의 물체, 무늬, 수를 관찰할 때 형태안경을 쓰면 구조나 특성에 더욱 주목하여 관찰하게 되고 탐구에 흥미를 갖게 됩니다. 인과 안경을 쓰고 왜 그렇게 분류했는지 기준에 대해 이야기를 나눌 수 있습니다.

② 3~4학년 과학

학습주제	선택한 재료로 쓰임새 있는 물체 설계하기
성취기준	[4과05-03] 다양한 물질의 성질을 이용하여 쓰임새 있는 물체를 설계할 수 있다.
수업흐름	물건 하나를 정하고 사용하기 편리하게 바꾸기 ▶ 다양한 물질의 성질 파악하기 ▶ 쓰임새 있는 물체 설계하기 ▶ 개념안경으로 설계한 물건 평가하기

형태안경을 통해 모양, 구조, 재질 등 물질의 성질을 관찰하고 비교합니다. 기능안경을 통해서는 물체의 쓰임과 역할을 분석하며 재료의 성질과 물체의 연관성을 발견하고, 자신의 설계를 발전시켜 나갑니다.

③ 5~6학년 사회

학습주제	인권 보호하는 활동에 참여하기
성취기준	[6사03-02] 일상생활에서 인권이 침해되는 사례를 찾아 그 해결 방안을 탐색하고, 인권을 보호하는 활동에 참여한다.
수업흐름	인권, 보호, 침해 개념 알아보고 정리하기 ▶ 책임안경으로 해결방안 세우기 ▶ 연결안경으로 해결방안과 보호의 대상 관계 살피기 ▶ 기능안경으로 해결방안 평가하기

인권 침해 사례를 살펴보며 누가, 무엇에 대해, 어떤 책임을 져야 하는가를 책임안경을 통해 탐색합니다. 연결안경으로 보호의 대상과 보호하는 사람 사이의 관계를 살펴볼 수 있습니다. 기능안경으로는 보호 활동이 어떤 역할을 하는지 평가합니다.

'개념안경'을 활용한 수업 사례

이 질문도구를 다양한 수업에 효과적으로 활용하려면, 먼저 학생들이 7가지 개념에 대해 충분히 이해하고, 각 개념으로 질문을 만들어 보는 연습을 해야 합니다. '개념'은 학생들에게 다소 추상적인 용어이기 때문에, 쉽고 익숙한 소재를 활용하여 질문도구를 익힐 수 있도록 지도했습니다.

학년·과목	5학년 국어
학습주제	궁금한 내용 질문하기
성취기준	[6국01-03] 주제와 관련하여 궁금한 내용을 질문하며 적극적으로 듣고 말한다.
수업흐름	① 주제와 관련된 질문 만들기 ▶ ② 개념 알아보기 ▶ ③ 개념안경 쓰고 질문 만들기 ▶ ④ 질문 공유하고 성찰하기

① 주제와 관련된 질문 만들기

학생들은 전기 자동차에 대한 질문을 만들었습니다. 개념안경 도구를 사용하여 질문을 만드는 것과의 차이를 학생들 스스로 느낄 수 있도록, 처음에는 개념안경에 대한 언급 없이 질문 만들기를 진행했습니다.

전기 자동차는 왜 전기를 연료로 쓸까?
전기 자동차는 왜 일반 자동차와 같은데 전기를 쓸까?
왜 이름이 전기 자동차일까?
전기 자동차와 일반 자동차는 똑같을까?
전기 자동차와 일반 자동차는 어떻게 다를까?

학생의 질문을 살펴보면, 표현이 다를 뿐 대부분 전기 자동차와 일반 자동차의 특징을 비교하며 작동원리에 대해 묻습니다. 이 학생은 주로 형태와 기능 개념으로 대상에 대해 사고했음을 알 수 있습니다.

② 개념 알아보기

개념을 소개하기 위해 안경이라는 구체물을 활용했습니다. 교탁 위에는 관련된 이미지로 꾸민 일곱 개의 안경을 놓았습니다. 교사는 하나씩 들어 보이며, 각 안경에 대응하는 개념을 소개했습니다.

| 변화안경 | 관점안경 | 책임안경 |

이때 각 개념안경으로 던질 수 있는 질문의 예시를 함께 제시하면 각 개념안경이 대상을 어떻게 바라보게 하는지 사고의 틀을 이해하는 데 도움이 됩니다.

개념	질문 예시
형태	이것은 어떻게 생겼을까? 어떤 부분으로 이루어져 있을까? 다른 것과 어떻게 생김새가 다른가?
기능	이것은 무슨 일을 할까? 없으면 어떤 일이 생길까?
인과	왜 이런 일이 일어났을까? 그 전에 어떤 일이 있었을까? 누가, 무엇이 이 상황을 만들었을까?
변화	예전에는 어땠고, 지금은 어떻게 달라졌을까? 앞으로는?
연결	이것은 무엇과 연결되어 있을까? 이 일이 다른 일에 어떤 영향을 줄까?
관점	나는 이렇게 생각하는데, 다른 사람은 어떻게 생각할까? 반대 입장에서 보면 어떤 느낌일까?
책임	이 일에 대해 누가 책임이 있을까? 내가 할 수 있는 일은 무엇일까?

개념 질문 예시

교사는 각 개념안경의 의미만 설명하지 않고, 지우개, 연필, 가위 등 일상에서 쉽게 볼 수 있는 물건들을 앞에 두고, 학생들과 함께 질문을 만들며 각 개념안경으로 할 수 있는 질문의 구체적인 사례를 보여 줍니다.

> 교사: 이 안경은 변화를 보는 안경이에요. 이걸 쓰면 사물이나 현상을 보고 이런 질문을 하게 돼요. "예전에는 어땠고, 지금은 어떻게 달라졌을까? 앞으로는?" 연필을 변화안경으로 보며 질문을 만들어 볼까요?
>
> 학생: 옛날에는 연필을 어떻게 깎았을까? 앞으로는 연필을 어떻게 깎을까?

실제 물건을 보며 질문을 던지게 하면, 학생들은 개념을 더 구체적으로 이해하고, 각 개념이 사고의 방향을 어떻게 바꾸는지를 경험합니다. 또한 나의 질문과 친구들의 질문을 비교하며 각 개념에 대한 이해를 높일 수 있습니다.

특히 '인과', '변화', '연결'은 서로 혼동하기 쉬운 개념이므로, 같은 대상을 놓고 질문을 만들며 비교해 보는 과정이 필요합니다. 가령 '환경오염'을 인과안경으로 본다면 '왜 환경오염이 일어났는가?'라는 질문을 던질 수 있고, 변화안경으로 보면 '환경오염은 앞으로 더 심각해질까?'를 던질 수 있습니다. 그리고 연결안경으로는, '환경오염이 우리 삶에 어떤 영향을 미칠까?' 또는 '우리 삶은 환경오염에 어떤 영향을 미쳤는가?' 같은 질문을 만들 수 있습니다. 연결안경은 사물이나 현상 사이의 상호작용, 즉 '영향을 주고받는 관계'에 사고의 초점을 두도록 이끕니다. 이러한 비교를 통해 학생들은 개념의 차이를 스스로 발견하며, 단순한 호기심이 궁금증으로 변하고 생각의 깊이도 함께 자라납니다.

③ 개념안경 쓰고 질문 만들기

처음 질문을 만들었던 대상에 대해 개념안경으로 다시 질문을 만들었습니다. 7가지 개념안경으로 각 개념별로 질문을 다양하게 만들어 냈습니다.

개념	질문
형태	전기 자동차는 어떻게 생겼을까?
기능	전기 자동차는 어떤 일을 할까?
인과	전기 자동차를 만든 이유는 뭘까?
변화	전기 자동차는 예전 자동차에 비해 뭐가 발달했을까?
연결	전기 자동차는 에너지랑 무슨 연결이 있을까?
관점	전기 자동차를 싫어하는 사람들은 왜 전기 자동차를 싫어할까?
책임	우리가 전기 자동차를 쓰면서 져야 하는 책임은 무엇일까?

학생이 개념안경으로 만든 질문

질문을 문장으로 만드는 데서 멈추지 말고, 만든 질문으로 친구들과 이야기를 나누어야 합니다. 질문을 나누는 과정 속에서 비로소 질문이 진짜 궁금증이 되고, 생각의 깊이가 더해집니다. 그렇지 않으면 질문도구는 문장을 만드는 틀에 머물며, 학생의 호기심을 자극하지 못합니다.

 수업 성찰

파란 안경을 쓰면 세상이 파랗게 보이고 빨간 안경을 쓰면 빨갛게 보입니다. 개념안경은 색깔 대신 개념의 틀을 제공하면서 학생들의 다양한 관점 변화와 사고의 전환을 이끌어 냈습니다. 국어시간에 글감으로 쓴 전기 자동차는 과학 시간까지 확장하여 사용되며 전기 자동차의 기술적인 부분과 생태 관점까지 나아가, 사회의 경제 선택에까지 질문을 끌어왔습니다. 창의성은 아무것도 없는 상태에서 발휘되는 것이 아닙니다. 배경지식과 사고력을 바탕으로, 생각이 탐구로 확장되어 가는 과정을 통해 학생들이 성장하는 모습을 확인할 수 있었습니다.

● '개념안경' 활동지 예시1

1. 질문 만들기

■ 위 사진을 보고 떠오르는 질문을 만들어 봅시다.

①	
②	
③	
④	
⑤	
⑥	
⑦	

2. '개념안경'이 뭐지?

■ 개념안경의 예시 질문을 읽고, 안경의 별칭을 직접 지어 봅시다.

개념안경	예시 질문	내가 만든 별칭
형태안경	이것은 어떻게 생겼을까? 어떤 부분으로 이루어져 있을까? 다른 것과 어떻게 생김새가 다른가?	

기능안경	이것은 무슨 일을 할까? 없으면 어떤 일이 생길까?	
인과안경	왜 이런 일이 일어났을까? 그 전에 어떤 일이 있었을까? 누가, 무엇이 이 상황을 만들었을까?	
변화안경	예전에는 어땠고, 지금은 어떻게 달라졌을까? 앞으로는?	
연결안경	이것은 무엇과 연결되어 있을까? 이 일이 다른 일에 어떤 영향을 줄까?	
관점안경	나는 이렇게 생각하는데, 다른 사람은 어떻게 생각할까? 반대 입장에서 보면 어떤 느낌일까?	
책임안경	이 일에 대해 누가 책임이 있을까? 내가 할 수 있는 일은 무엇일까?	

■ 표 안에 질문들이 어떤 개념안경의 질문인지 ✓ 표시를 합시다.

질문	형태	기능	인과	변화	연결	관점	책임
지우개를 잃어버리면 우리는 어떻게 해야 할까요?	☐	☐	☐	☐	☐	☐	☐
지우개는 어떤 물건이나 활동과 연결되어 있나요?	☐	☐	☐	☐	☐	☐	☐
지우개가 하는 일은 무엇일까요?	☐	☐	☐	☐	☐	☐	☐

나의 지우개는 어떤 모양인가요?	☐	☐	☐	☐	☐	☐	☐
요즘 지우개는 예전과 어떻게 달라졌을까요?	☐	☐	☐	☐	☐	☐	☐
지우개를 사용해야 하는 이유는 무엇일까요?	☐	☐	☐	☐	☐	☐	☐
지우개 사용을 싫어하는 사람도 있을까요? 왜 그럴까요?	☐	☐	☐	☐	☐	☐	☐

3. 개념안경으로 질문 만들기

- 개념안경을 차례로 쓰고, 사진을 보며 질문을 다시 만들어 봅시다.

형태	
기능	
인과	
변화	
연결	
관점	
책임	

- 친구가 만든 질문을 살펴보며 이야기를 나누어 봅시다.

● '개념안경' 활동지 예시2

■ 쓰임새가 좋은 필통을 설계하고 각 부분에 어떤 물질을 사용하였는지 표시해 봅시다.

■ 개념안경을 쓰고 내가 만든 필통을 평가해 봅시다.

형태안경	
기능안경	
연결안경	

4장 | 질문정교화 Focus: 질문을 정교화하여 탐구 설계하기

질문도구2 __ 질문CEO

'질문CEO(Close ended-Exchange-Open ended)'는 닫힌 질문과 열린 질문을 구분하고, 열린 질문은 닫힌 질문으로, 닫힌 질문은 열린 질문으로 바꾸어 보며 질문의 목적과 쓰임을 분석하고 조절하는 질문도구입니다. 생성한 질문을 자세히 살펴보고, 질문을 통해 어떤 정보를 얻을 수 있는지 분석하면서 사고를 정교화하는 경험을 제공합니다. 학생들은 닫힌 질문이 정해진 답을 얻기 위해 필요하고, 열린 질문은 아이디어나 제안 등 다양한 의견을 이끌어 내기 위해 필요하다는 사실을 깨닫게 됩니다. 이렇게 질문을 만들어 가는 과정과 질문이 촉발하는 사고의 흐름을 되짚어 보는 경험을 통해, 질문의 목적과 활용 방식 그리고 정보를 얻는 방법을 탐색하게 됩니다. 이 과정은 학생들이 자신의 사고 과정을 의식하고 조절하는 메타인지 능력을 기르는 데에도 도움이 됩니다.

이 책에서는 다음과 같은 기준으로 두 질문을 구분합니다.

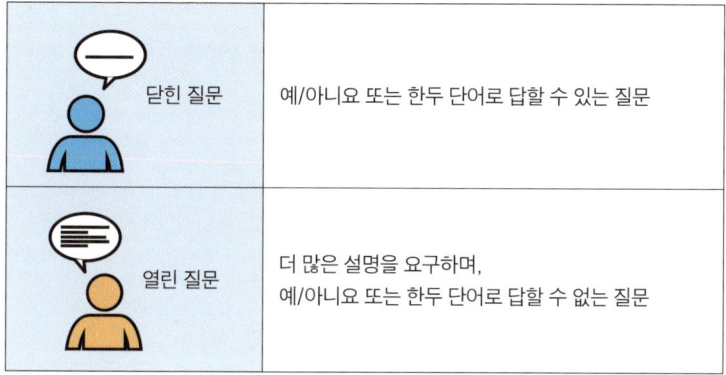

열린 질문과 닫힌 질문의 기준은 명확해 보이지만, 실제로 수업에서 질문을 만들고 분석해 보면 그 경계가 모호해지는 질문을 자주 만나게 됩니다. 예를 들면, '기후 변화 때문에 달라진 것으로 무엇이 있을까?'라는 질문에 어떤 학생은 답을 '옷차림'이라고 생각하고 닫힌 질문이라고 분류할 수 있지만, 또 다른 학생은 여러 가지 설명이 필요하니 열린 질문이라고 분류하기도 합니다.

이처럼 질문의 형식만으로 열린 질문과 닫힌 질문을 쉽게 단정할 수 없기도 합니다. 결국 질문을 분석할 때에는 그 질문이 불러일으킬 사고의 과정과 그에 따른 답을 예상해 보는 과정이 필요하며, 이 과정을 거듭 경험하면서 학생들은 질문을 만들 때 질문의 구성과 표현에 더 신중을 기하게 됩니다.

우리나라의 기온이 올라가고 있나요?	닫힌 질문	최근 10년 동안 우리나라 평균 기온은 몇 도 올랐나요?
	열린 질문	우리나라 기온이 점점 올라가는 이유는 무엇일까요?
왜 여름은 더운 걸까요?	닫힌 질문	여름철에 태양 고도가 가장 높은 달은 언제인가요?
	열린 질문	여름이 다른 계절보다 더운 이유는 무엇이라고 생각하나요?
지구 온난화로 달라진 건 뭐가 있을까요?	닫힌 질문	지구 평균 기온이 상승한 뒤 북극의 얼음 면적은 얼마나 줄었나요?
	열린 질문	지구 온난화로 인간과 동물의 생활에 어떤 변화가 생기고 있나요?
사람들은 왜 봄을 좋아할까요?	닫힌 질문	우리 반에서 봄을 좋아한다고 답한 학생은 몇 명인가요?
	열린 질문	사람들은 봄을 어떤 이유로 좋아할까요? 계절별로 느낌이 다른 이유는 무엇일까요?
기후 변화 때문에 달라진 것으로 무엇이 있을까요?	닫힌 질문	지난 30년간 우리 지역의 강수량은 어떻게 변했나요?
	열린 질문	기후 변화가 사람들의 생활방식에 어떤 영향을 주고 있나요?

분류가 모호한 질문을 명료하게 수정하기

닫힌 질문과 열린 질문은 어느 하나가 더 좋거나 더 나쁜 것은 아닙니다. 그 목적과 쓰임이 다를 뿐입니다. 이 질문도구는 질문이 어떤 사고를 유도하고, 어떤 정보를 요청하며, 어떤 탐구로 이어질 수 있는지를 스스로 분석하고 조절하는 사고 훈련을 도와줍니다. 그리고 이 과정을 통해 학생들은 '내가 원하는 정보를 얻기 위해, 질문을 어떻게 조정할 수 있을까?'라고 성찰할 수 있습니다.

'질문CEO' 활용 방법

1 **닫힌 질문과 열린 질문 이해하기**
　두 질문 유형의 정의를 바탕으로 질문을 구분한다.

2 **질문 유형 바꾸며 정교화하기**
　닫힌 질문을 열린 질문으로, 열린 질문을 닫힌 질문으로 바꾸며 질문을 다듬는다.

3 **열린 질문과 닫힌 질문 비교하기**
　두 유형 질문의 장점과 단점에 대해 의견을 나눈다.

'질문CEO'를 활용하기 좋은 수업

① 1~2학년 통합-약속

학습주제	우리가 할 수 있는 일 찾기
성취기준	[2슬03-04] 우리의 생활과 관련된 지속가능성의 다양한 사례를 찾고 탐색한다.
수업흐름	지속가능성과 우리 생활 이해하기 ▶ 지속가능성 사례를 보고 사실 탐색하기 ▶ 사례를 보고 CEO 활동하기 ▶ 나만의 실천 다짐 카드 만들고 발표하기

사례를 보고 질문을 만든 뒤 열린 질문과 닫힌 질문으로 분류합니다. '누가, 무엇, 언제, 왜, 어떻게, 무슨 변화' 등의 단어를 제시해, 질문의 유형을 바꾸도록 돕습니다. 핵심 질문을 선정하고, 이를 지속가능한 실천 과제로 연결합니다.

② 3~4학년 사회

학습주제	생활 속 문제 찾기
성취기준	[4사09-01] 생활 주변에서 찾을 수 있는 여러 가지 문제를 파악하고, 그 문제를 합리적으로 해결하는 능력을 기른다.
수업흐름	개선하고 싶은 점 찾고 질문 만들기 ▶ 질문을 분류하고 질문 유형 바꾸기 ▶ 닫힌 질문은 체크리스트나 조사 계획에 활용하고 열린 질문으로 해결방안 구상하기 ▶ 문제점을 해결하기 위한 합리적인 해결 방안 토의하기

생활 속 문제에 대해 만든 질문을 닫힌 질문과 열린 질문으로 나누고, 닫힌 질문은 현황·장소·빈도·관련자 등 사실 확인 체크리스트로 활용합니다. 닫힌 질문을 바탕으로 자료 수집 계획을 세우고, 열린 질문을 중심으로 해결안을 구상하고 선정합니다.

③ 5~6학년 과학

학습주제	화석의 소중함 알기
성취기준	[6과01-03] 화석의 생성 과정을 모형으로 설명하고, 지구의 과거 생물과 환경을 추리하는 활동을 통해 화석의 가치를 인식할 수 있다.
수업흐름	공룡그림이나 실제 화석으로 CEO 활동하기 ▶ 생성된 질문 중 과거 환경과 관련된 질문 분류하기 ▶ 분류한 질문 중 의미 있는 질문 정하고 탐구하기 ▶ 화석을 통해 알게 된 과거 환경 정리하고 화석의 가치 발표하기

화석 자료를 보고 열린 질문을 만들어 사고를 확장하고, 닫힌 질문으로 사실을 확인하며 탐구 방향을 구체화합니다. 학생들은 질문을 분류·탐구하면서 화석을 통해 알게 된 과거 환경을 정리하고, 화석의 가치를 스스로 발견하게 됩니다.

'질문CEO'를 활용한 수업 사례

학생들에게 질문 만들기 활동이 익숙해지면, 질문이 탐구로 이어질 수 있도록 연습을 해야 합니다. 학생들은 '왜'나 '언제' 같은 질문이 어떤 정보를 이끌어 내고, 질문의 유형에 따라 사고의 방향이 어떻게 달라지는지를 직접 경험할 기회가 많지 않았습니다. 그래서 이번 수업에서는 질문을 열린 질문과 닫힌 질문으로 구분하고, 서로 바꾸는 활동을 통해 질문의 구성과 표현을 정교하게 다듬어 보도록 했습니다.

학년·과목	5학년 사회
학습주제	자연재해의 심각성 이해하기
성취기준	[6사02-01] 우리나라의 계절별 기후 특징을 자료에서 탐구하고, 기후 변화로 인한 자연재해의 심각성을 이해한다.
수업흐름	① 질문 만들기 → ② 열린 질문과 닫힌 질문 알기 → ③ 열린 질문과 닫힌 질문 분류하기 → ④ 질문 유형 바꾸며 정교화하기 → ⑤ 열린·닫힌 질문의 장단점 토의하기

① 질문 만들기

질문에 초점이 되는 적절한 사진과 어구를 제시했습니다. 단원과 관련된 교육과정 내용요소나 학생들이 알아야 할 기초적인 개념들을 어구 형태로 제시하는 것이 효과적입니다.

우리나라 계절별 기후와 자연재해를 막기 위한 노력 (출처: 해운대구, 태풍 '볼라벤' 피해 최소화 만반의 태세, 아시아투데이. 2012. 8. 27.)

모둠별로 12개의 질문을 만들었습니다. 붙임쪽지 한 장에 한 가지 질문을 적게 했습니다. 이 붙임쪽지를 열린 질문인지 닫힌 질문인지 구분하는 논의를 할 때 활용하게 했더니, 학생들은 붙임쪽지를 옮겨 붙이며 서로의 의견을 활발히 교환했습니다.

왜 하수도를 공사하고 있을까?	여기에 어떤 재해가 일어났을까?	어떤 식으로 공사하고 있는 걸까?
도로는 멀쩡해 보이는 데 여기서 왜 수리를 하는 거지?	이것은 어떤 계절에 일어난 자연재해일까?	왜 여기에는 차가 한 대도 없어?
하수구에 왜 풀을 집어넣지?	하수구가 막힌 거야?	봉지 안에 들은 건 뭘까?
여기에 있는 사람들은 피해를 입진 않았겠지?	이 공사를 하면 어떤 것을 막을 수 있을까?	우리가 이러한 자연재해를 막을 수 있을까?

학생들이 만든 질문

② 열린 질문과 닫힌 질문 알기

교사는 열린 질문과 닫힌 질문을 구분하여 설명했습니다.

질문에도 문이 있어요. 어떤 문은 '딱' 열리면 바로 정답이 나오는 문이고, 어떤 문은 안이 보이지 않아. 열고 들어가 보면 여러 갈래로 이어지는 길이 있어요. 오늘은 여러분이 만든 질문을 이 두 가지 문으로 나누어 볼 거예요.

질문을 문에 비유했다는 것만으로도 학생들은 질문의 쓰임에 대해 스스로 상상하기 시작했습니다. 비유로 동기를 유발했지만, 두 질문의 정의를 다음과 같이 분명하게 제시했습니다.

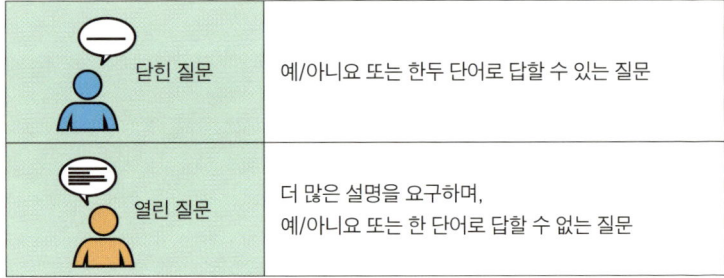

③ 열린 질문과 닫힌 질문 분류하기

학생들은 질문을 펼쳐 놓고, '닫힌'과 '열린'이라는 기준에 따라 분류했습니다. 한 질문씩 차례로 살펴보며 이 질문이 어떤 질문인지 판단하기 위해 의논을 했습니다. 학생들은 처음으로 질문이 이끌 답을 예상하게 되었습니다. 분류하는 데 어려움을 느끼는 모둠이 있다면, 답이 한두 단어로 대답할 수 있는지 실제로 질문에 답을 해보며 분류하도록 조언해 주었습니다. 다음은 학생들이 분류한 예입니다.

닫힌 질문	• 이것은 어떤 계절에 일어난 자연재해일까? • 하수구가 막힌 거야? • 봉지 안에 들은 건 뭘까? • 여기에 있는 사람들은 피해를 입진 않았겠지? • 우리가 이러한 자연재해를 막을 수 있을까?
열린 질문	• 왜 하수도를 공사하고 있을까? • 어떤 식으로 공사하고 있는 걸까? • 도로는 멀쩡해 보이는 데 여기서 왜 수리를 하는 거지? • 왜 여기에는 차가 한 대도 없어? • 하수구에 왜 풀을 집어넣지?
분류하기 어려운 질문	• 여기에 어떤 자연재해가 일어났을까? • 이 공사를 하면 어떤 것을 막을 수 있을까?

학생들이 분류한 질문

 질문을 분류할 때 모둠원들의 논의를 활발하게 만든 질문이 있었습니다. 이런 질문은 간단하게 대답할 수도 있지만 자세하게 설명할 수도 있다는 이유로, 열린 질문이자 닫힌 질문으로 분류되었습니다.

④ 질문 유형 바꾸며 정교화하기

분류가 애매한 질문은 분류가 가능한 질문으로 바꾸도록 했습니다.

여기에 어떤 자연재해가 일어났을까?	닫힌 질문	여기에 홍수가 일어난 걸까?
	열린 질문	이 자연재해의 특징은 뭘까?
이 공사를 하면 어떤 것을 막을 수 있을까?	닫힌 질문	이 공사로 자연재해를 막을 수 있을까?
	열린 질문	이 공사로 자연재해를 어떻게 막을 수 있을까?

학생들이 바꾼 질문

위는 분류하기 애매했던 질문들을 학생들이 직접 바꾼 사례입니다. 학생들은 구체적인 설명이 요구되는 열린 질문이 어떤 표현과 구성으로 이루어져야 하는지 고민하기 시작했습니다. 이 과정에서 '특징'이라는 용어를 활용하여 기존 질문을 열린 질문으로 바꾸었습니다. 예를 들어, 원래 질문에 대해 "홍수"라고 간단히 답할 수도 있지만, "비가 한꺼번에 많이 왔다.", "물이 잘 빠지지 않아 도로에 물이 넘쳤고, 차량과 집이 침수되어 사람들이 고립되거나 목숨을 잃기도 했다."와 같이 구체적으로 설명할 수도 있다고 하면서, 이 질문의 분류가 왜 어려웠는지 설명했습니다.

다음으로 학생들은 열린 질문에서 하나를 선택해서 닫힌 질문으로 바꾸고, 닫힌 질문에서 하나를 선택하여 열린 질문으로 바꾸어 보았습니다.

닫힌 질문을 열린 질문으로 바꾼 사례	열린 질문을 닫힌 질문으로 바꾼 사례
이것은 어떤 계절에 일어난 자연재해일까? ➜ 태풍이나 홍수는 왜 여름철에 많이 일어날까? 우리가 이러한 자연재해를 막을 수 있을까? ➜ 자연재해를 막기 위해서는 어떤 노력이 필요할까?	왜 하수도 공사를 하고 있나요? ➜ 하수도 공사는 직접 해야 하나 나라에서 해줘야 하나? 어떤 방법으로 공사를 하고 있는 걸까? ➜ 공사는 언제까지 마쳐야 하나?

⑤ **열린 질문과 닫힌 질문의 장점과 단점 토의하기**

학생들은 질문을 분류하는 과정에서 어느 하나의 범주로 나누기 힘든 질문들로 인해 어려움을 겪었습니다. 이를 해결하기 위해 열린 질문과 닫힌 질문의 특성에 대해 더욱 관심을 가졌습니다. 또한 두 질문 유형의 장단점에 대해 토의하는 시간도 가졌습니다. 이러한 과정을 통해 학생들은 자신이 무엇을 배웠는지를 스스로 표현해 볼 수 있었습니다. 이 활동의 궁극적인 목적은 학생들이 질문을 구별하고, 각 질문 유형의 다양한 활용 방식을 스스로 탐색할 수 있도록 돕는 데 있습니다. 따라서 단점보다 장점에 대해 먼저 이야기 나누는 것이 좋습니다.

이미 두 질문의 유형을 구분해 본 경험이 있는 학생이라면, 닫힌 질문보다 열린 질문이 더 좋은 질문이라는 선입견을 갖고 있을 것입니다. 그러므로 닫힌 질문의 장점에 대해 생각해 본 뒤, 열린 질문의 장점을 살펴보는 순서로 활동을 진행하는 것이 좋습니다. 이러한 과정을 통해 학생들은 두 질문 유형이 모두 유용하며, 상황에 따라 열린 질문이 더 적절할 때도 있고, 닫힌 질문이 더 효과적인 경우도 있다는 것을 이해하게 됩니다.

구분	장점	단점
닫힌 질문	• 빠르게 답을 얻을 수 있다. • 명확한 사실을 확인하기에 좋다. • 매우 분명한 답을 얻을 수 있다. • 답하는 사람이 편안하게 대답할 수 있다.	• 사고를 확장하거나 깊이 있게 나아가기 어렵다. • 답이 제한적이어서 대화가 금방 끝날 수 있다. • 많은 정보를 구하기 어렵다.
열린 질문	• 많은 정보를 얻을 수 있다. • 전체적인 설명을 들을 수 있다. • 다른 사람의 생각을 자세히 알 수 있다. • 이해하기 쉽다.	• 답이 너무 길 수 있다. • 답을 찾는 데 시간이 오래 걸린다. • 들은 모든 것을 이해할 수 있는 것은 아니라, 더 혼란스러울 수 있다.

닫힌 질문과 열린 질문의 장단점 비교 예

활동을 마치면서, 열린 질문은 보통 '왜', '어떻게' 등의 표현이 사용되며, 닫힌 질문은 '~이니?', '~하니?', '~할 수 있니?' 등으로 끝난다는 것, 또한 '누가', '언제', '어디' 등은 두 유형의 질문 모두에 사용될 수 있다는 것을 함께 발견해 보도록 했습니다.

 수업 성찰

질문을 구분하고 바꾸는 활동은 단순한 언어 연습이 아닙니다. 목적과 쓰임에 맞는 질문을 만들기 위해서 예상하고, 확인하고, 평가하며, 분석적 사고를 하는 훈련입니다. 이렇게 질문을 스스로 조절하는 경험은 학생들에게 작은 자신감과 권한을 줍니다. 평소엔 무기력한 학생이 질문을 분류하는 시간에 적극적으로 참여하는 모습을 보며, 이 활동이 학생에게 생각의 주도성을 회복시키는 힘이 있다는 것을 느꼈습니다.

● '질문CEO' 활동지 예시1

■ 사진을 잘 살펴봅니다.

(출처: https://pixabay.com)

■ 질문도구를 사용하여 다양한 질문을 만들어 봅시다. 만든 질문을 잘 읽어 보며 작은 사각형에 열린 질문인지 닫힌 질문이지 표시해 봅시다.

■ 질문 중에서 과거 환경과 관련된 질문을 고르고, 의미 있는 질문이라고 생각한 질문에 ○를 표시해 봅시다.

번호	질문 내용	의미 있는 질문
1		
2		
3		
4		
5		
6		

● '질문CEO' 활동지 예시2

1. 질문 만들기

| 우리나라 계절별 기후와 자연재해를 막기 위한 노력 |

■ 위 사진과 문장을 보고 떠오르는 질문을 만들어 봅시다. 만든 질문을 잘 읽어 보며 작은 사각형에 열린 질문인지 닫힌 질문인지 표시해 봅시다.

2. 질문 구분하기

■ 열린 질문과 닫힌 질문을 구분하는 기준

	닫힌 질문	예/아니요 또는 한두 단어로 답할 수 있는 질문
	열린 질문	더 많은 설명을 요구하며, 예/아니요 또는 한 단어로 답할 수 없는 질문

■ 이 기준에 따라, 열린 질문에는 O, 닫힌 질문에는 C, 분류하기 애매한 질문에는 O/C를 빈칸에 표시해 봅시다.

번호	질문 내용	질문 유형
1	고양이는 동물인가요?	
2	왜 사람들은 고양이를 귀엽다고 느낄까요?	
3	한국의 수도는 어디인가요?	
4	서울이 수도가 된 이유는 무엇일까요?	
5	당신은 어떤 교통수단을 가장 자주 이용하나요?	
6	왜 대중교통을 이용하는 사람이 늘어날까요?	

■ 열린 질문인지 닫힌 질문인지 구분하기 위해 어떤 방법을 사용했나요?

3. 질문 유형 바꾸기

■ 분류하기 애매한 질문은 무엇인가요? 하나를 골라 적어 봅시다.

_____

■ 위 질문을 명확한 닫힌 질문으로 바꾸어 봅시다.

→ _____

■ 위 질문을 명확한 열린 질문으로 바꾸어 봅시다.

→ _____

■ 열린 질문 중 하나를 선택하여 닫힌 질문으로 바꾸어 봅시다.

열린 질문: _____

→ 닫힌 질문: _____

■ 열린 질문 중 하나를 선택하여 닫힌 질문으로 바꾸어 봅시다.

열린 질문: _____

→ 닫힌 질문: _____

4. 닫힌 질문과 열린 질문 장단점 토의하기

■ 닫힌 질문과 열린 질문의 장점과 단점을 적어 봅시다.

구분	장점	단점
닫힌 질문		
열린 질문		

■ 열린 질문과 닫힌 질문에 대해 전에 알았던 것과 새롭게 알게 된 점을 써 봅시다.

전에 알고 있었던 것(I used to know...)

▼

새롭게 알게 된 것(Now I know...)

질문도구3 __ 질문지도

'질문지도(Question map)'는 질문의 중요도를 따지고, 질문 간의 관계를 분석하여, 탐구의 흐름을 설계하도록 돕는 질문도구입니다. 정교한 사고를 이끌어 내는 도구입니다. 질문의 우선순위를 바탕으로 질문의 지도를 만드는 능력은 질문의 중요도와 관계를 따져 보는 능력으로서 비교, 분류, 분석, 평가, 종합 등 다양한 사고 기능을 수반합니다.

교사는 학생들이 질문을 선정하기 전에 선정기준을 제시해야 합니다. 선정기준은 수업의 목표와 다음 단계에서 무엇을 할지를 고려하여 제시합니다. 또는 '가장 중요한 질문 세 개를 고르시오.', '가장 흥미로운 질문 세 개를 고르시오.'와 같은 폭넓은 기준을 제시하기도 합니다. 반대로 기준의 범위를 더 좁혀야 하는 경우도 있습니다. 예를 들어, 학생들이 실험을 설계해야 할 필요가 있을 때에는 '실험을 설계하는 데 도움이 될 수 있는 질문을 세 개 고르시오.'가 될 수 있습니다. 탐구과제가 주어져 조사를 해야 할 때에는, '탐구과제를 해결하는 데 가장 필요한 질문 세 개를 고르시오.'라는 기준을 제시할 수 있습니다. 탐구질문을 만드는 과정이라면, 중요도, 탐구가능성, 흥미도를 기준으로 제시할 수도 있습니다.

질문지도를 만드는 과정에서 중요한 것은, 학생들이 자신이 선택한 질문의 이유를 스스로 설명하도록 하는 것입니다. 이 질문이 더 의미 있는 이유, 이 질문이 저 질문 다음에 이어져야 하는 이유를 논리적으로 표현해 보도록 이끄는 것이 이 질문도구의 핵심입니다. 이 과정을 통해 학생들은 비판적이고 분석적인 사고를 기를 수 있기 때문입니다. 흥미로움을 넘어, 왜 그 질문이 해결할 가치가 있는지를 논리적으로 사고하고 판단하며 탐구를 이어 나가야 의미 있는 결정에 이르는 능력을 키울 수 있습니다.

질문지도를 만드는 활동은 질문 간의 위계와 관계를 살피고 탐구의 흐름을 설계하는 사고로 이어집니다. 학생들은 자신이 만든 여러 질문들을 보며 '이 질문은 원인을 묻는다', '저 질문은 결과를 다룬다', '또 다른 질문은 실천 방법을 탐색한다'는 식으로 질문 사이의 연결과 흐름을 구성합니다. 학생의 질문이 호기심 표현을 넘어서, 사고와 탐구를 설계하는 도구로 기능하게 됩니다.

이 과정에서 학생들에게 메타인지 능력이 자연스럽게 생깁니다.

메타인지는 아는 것과 모르는 것을 자각하고 스스로 문제점을 해결하며 자신의 학습과정을 조절할 줄 아는 능력입니다. 학생들은 '왜 이 질문을 먼저 다뤄야 하는지', '이 질문을 탐구하면 다음 질문에 어떻게 도움이 되는지'를 스스로 점검합니다. 질문을 만드는 것에서 나아가 성찰을 통해 학습의 방향과 목표를 스스로 조정하고 점검하는 능력으로 이어집니다. 이러한 과정 속에서 학생은 자신의 학습을 설계하는 주도적인 학습자로 성장합니다.

'질문지도' 활용 방법

1 **기준 확인하기**
  질문을 선정하기 위한 기준을 확인한다.

2 **질문 선택하기**
  학생들이 직접 만든 질문 중 가장 탐구 가치가 높은 질문을 평가 기준에 따라 선택하고, 그 이유를 논의하며 질문의 가치를 판단한다.

3 **질문지도 만들기**
  질문 간의 관계와 탐구의 흐름을 고민하고, 질문 간의 논리적 연결을 찾아 질문지도를 구성한다.

'질문지도'를 활용하기 좋은 수업

① 1~2학년 통합-마을

학습주제	약속하기
성취기준	[2바02-01] 공동체에서 내가 할 수 있는 일을 찾아보고 실천한다.
수업흐름	공동체 이해하기 ▶ '안전한 공동체'에 관련된 다양한 질문 만들기 ▶ 기준 따른 질문의 우선순위 정하기 ▶ 질문지도로 내가 할 수 있는 일 찾아보기

 '안전한 공동체'를 주제로 다양한 질문을 만들고, 질문의 우선순위를 정하며 탐구합니다. 학생이 접하는 공간에서 안전하게 생활하는 데 필요한 안전 수칙을 다루며 가정과 연계하여 습관과 할 수 있는 질문을 설계하도록 합니다. 학생들은 자신이 공동체의 안전을 위해 할 수 있는 일을 찾아보고 실천 방안을 구체화합니다.

② 3~4학년 국어

학습주제	질문지도로 내용 구성하고 글쓰기
성취기준	[4국03-04] 목적과 주제를 고려하여 독자에게 마음을 전하는 글을 쓴다.
수업흐름	학급, 학교, 이웃과 관련하여 쟁점이 되는 사안을 주제로 정하기 ▶ 주제와 질문 쓰고 원인, 결과, 형태 등의 기준으로 분류하기 ▶ 분류한 것을 바탕으로 글을 쓰기 위한 질문 순서 정하기 ▶ 읽는 사람을 생각하며 마음을 전하는 글쓰기

학생들은 질문을 활용하여 주어진 주제를 다각도로 탐구하는 태도를 익히며, 능동적이고 체계적인 글쓰기 과정에 흥미를 느낍니다. 질문을 분류하고 흐름을 설계하는 과정에서 주제에 대한 자신의 생각이 명료해집니다.

③ 5~6학년 도덕

학습주제	내 생활 돌아보기
성취기준	[6도01-01] 자주적인 삶에 대한 이해를 바탕으로 자신의 생활계획을 세우고 실천하여 주체적인 삶의 태도를 기른다.
수업흐름	나의 하루 생활을 질문하기 ▶ 질문을 공유하고 분류하기 ▶ 질문 선택 기준 만들기 ▶ 질문지도로 실천 계획 짜기

　학생들은 자기 삶을 깊이 있게 성찰하며 자주적인 삶에 필요한 기준을 정합니다. 다양한 질문도구를 이용하여 자주적인 삶에 대해 질문하고 실천을 위해 필요한 질문 간의 우선순위를 정하여 질문지도로 실천 계획을 만듭니다.

'질문지도'를 활용한 수업 사례

사회과 5학년 2단원 '우리나라의 인문환경'은 인구, 도시, 산업, 교통이라는 큰 틀 안에서 우리나라의 변화와 특징을 배우는 단원입니다. 그런데 이 단원을 수업할 때마다 고민이 들었습니다. 학생들이 배우는 내용은 많지만, 정보를 나열하고 확인하는 활동으로만 머물기 쉽기 때문입니다. 그래서 학생들이 스스로 탐구할 질문을 고르고, 질문을 따라 탐구를 이어 가는 수업을 구상하였습니다.

학년·과목	5학년 사회
학습주제	글의 의미 파악하며 읽기
성취기준	[6사02-02] 우리나라의 지역별 인구 분포의 특징을 알아보고, 이에 따른 문제점과 해결 방안을 탐색한다.
수업흐름	① 통계 자료를 읽고 질문 만들기 ▶ ② 탐구 질문 기준 확인하기 ▶ ③ 질문 선택하기 ▶ ④ 질문지도 만들기

① 통계 자료를 읽고 질문 만들기

수업을 시작할 때 교과서의 자료를 보고 '마침표-물음표' 질문 도구를 활용해 질문을 만드는 활동을 했습니다. 그리고 그 질문으로 '질문CEO'를 통해 질문이 요구하는 정보를 예상하고 바꿔 보는 활동을 했습니다.

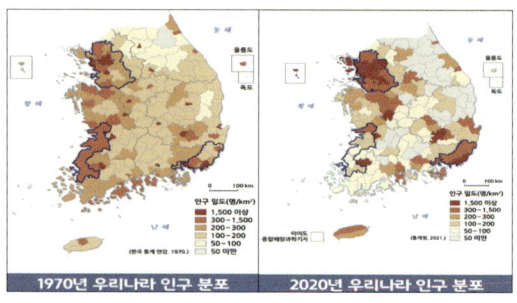

(출처: 사회 교과서 『사회 5-1』(아이스크림) 60쪽, 61쪽)

사람들이 왜 서울에 이렇게 많이 모여 살까?

우리 동네에는 왜 사람들이 별로 안 살까?

사람이 너무 많이 사는 곳은 어떤 문제가 생길까?

인구가 줄어드는 지역에서는 학교나 병원은 어떻게 될까?

나중에 어른이 되었을 때, 나는 어디에서 살고 싶을까? 왜?

노란색으로 표시된 지역은 어떤 지역일까?

지방에 사는 사람들은 서울로 꼭 이사 와야 할까?

사람이 많으면 꼭 좋은 걸까? 불편한 점도 있을까?

왜 나이 많은 사람이 점점 많아지는 걸까?

사람이 적은 지역은 어떻게 하면 다시 사람이 많아질 수 있을까?

    탐구 주제를 '우리나라 인구문제와 해결방안'으로 정하고, 탐구 결과로 글쓰기 하는 것을 계획했습니다.

② 탐구 질문 기준 확인하기

칠판에 학습목표와 관련하여 질문 선택의 기준을 제시했습니다. 학생들은 질문을 다시 들여다보며, 기준에 따라 질문을 하나씩 평가했습니다.

> "우리나라 인구문제와 해결방안"
> 위의 탐구과제를 해결하는 데 가장 필요한 질문
> 세 개를 고르시오.

학생들이 탐구 질문을 스스로 정하는 수업에서는, 일반적인 기준을 제시해 질문을 평가하고 선택할 수 있도록 안내할 수 있습니다.

질문	흥미도 (궁금해!)	탐구 가능성 (조사할 수 있어!)	중요도 (우리 모두에게 의미 있어!)	합계
1	□1□2□3	□1□2□3	□1□2□3	
2	□1□2□3	□1□2□3	□1□2□3	
2	□1□2□3	□1□2□3	□1□2□3	

선택의 기준을 제시했을 때 좋은 질문을 고르고자 하는 학생들의 사고가 훨씬 더 구체적이고 목적 지향적으로 전환됩니다. 이 활

동을 통해 학생들은 분석적 사고를 훈련하게 됩니다.

③ 질문 선택하기

학생들은 질문 카드를 하나씩 다시 꺼내 들고 친구들과 의논하기 시작했습니다. 교사는 관찰을 통해 학생들이 질문을 선택한 이유에 대해 이야기하며 친구들과 자유롭게 의견을 나누도록 유도했습니다. 아래는 학생들이 토의한 끝에 앞의 10개 질문 중 선택한 질문입니다.

사람이 너무 많이 사는 곳은 어떤 문제가 생길까?
왜 나이 많은 사람이 점점 많아지는 걸까?
사람이 적은 지역은 어떻게 하면 다시 사람이 많아질 수 있을까?

④ 질문지도 만들기

해결하고 싶은 질문을 모아 두고, "이 질문들을 어떤 순서로 탐구하면 좋을까요?"라고 묻자, 학생들은 질문 간의 연결성과 질문의 위계를 고민하기 시작했습니다. 학생들은 다음과 같은 사고의 흐름을 만들었습니다. 이 흐름 속에서 학생들은 '원인 → 결과 → 실천'으로 이어지는 자연스러운 사고의 흐름을 구성해 냈습니다.

> 왜 나이 많은 사람이 점점 많아지는 걸까?
> ↓
> 사람이 너무 많이 사는 곳은 어떤 문제가 생길까?
> ↓
> 사람이 적은 지역은 어떻게 하면 다시 사람이 많아질 수 있을까?

질문지도 사례

각 모둠은 정리한 질문 순서를 질문지도로 만들어 보았습니다. 질문을 포스트잇에 적고 순서를 배열한 뒤, 그렇게 배열한 이유를 설명하게 했습니다. 이를 통해 질문의 흐름을 설계하면서 사고가 구조화되었습니다. 학생들은 각 질문을 곰곰이 따져 보며, 질문에 대해 이야기를 나누고 추가적인 질문을 통해 조사할 내용을 구체화했습니다.

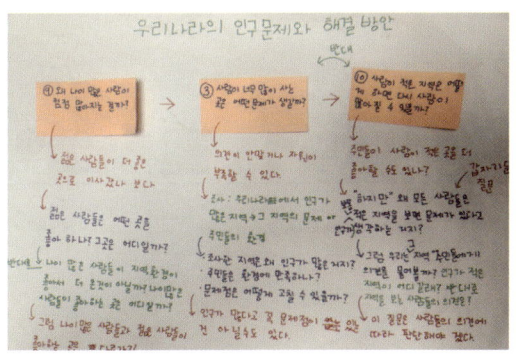

학생이 질문지도로 설계한 탐구

수업 성찰

질문지도의 활동은 질문의 우선순위를 바탕으로 지도를 만드는 것이지 질문을 새로 만드는 일이 아니어서 질문지도를 '질문도구'라고 할 수 있는지 의문이 들기도 했습니다. 하지만 질문지도 활동을 하면서 이 질문도구가 학생들의 사고를 자극하고 탐구를 설계하는 데 핵심적인 역할을 한다는 것을 알게 되었습니다. 학생들이 질문의 중요도를 따져 보며 비교, 분류, 분석, 평가, 종합 등 다양한 사고 기능을 발휘하는 모습을 엿볼 수 있었습니다.

● '질문지도' 활동지 예시1

■ 우리 모두가 안전하고 행복하게 지낼 수 있는 공동체를 만들려면 어떤 질문을 해야 할까요? 질문도구를 사용하여 질문을 만들어 보고 가장 필요한 질문에 ○ 표시를 해 봅시다.

(출처: 네이버 해피빈 '서울시교육청 따뜻한 학교 캠페인'
https://happybean.naver.com/campaign/seouledu2023)

질문 내용	○ 표시
예) 안전한 공동체는 누가 만드나요?	

● '질문지도' 활동지 예시2

1. 질문 만들기

■ 선생님이 제시해 주는 것을 보고 질문을 만들어 보세요.

번호	내가 만든 질문
1	
2	
3	
4	
5	
6	
7	

2. 기준 확인하기

■ 아래에서 기준이 되는 것을 골라 ○ 표시를 하세요.
　(※학습 목표나 다음 수행 과제와 관련지어 교사가 제시할 수 있음)

> 기준1. 많은 사람들이 궁금해할 만한 질문인가?(흥미도)
>
> 기준2. 조사가 가능한 질문인가?(탐구가능성)
>
> 기준3. 우리 모두에게 의미 있는 질문인가?(중요도)
>
> 기준4. _____(선생님 제시)

3. 질문 선택하기

- 각 질문을 기준에 따라 평가해 보세요. 1~3점 사이로 점수를 주세요.
  (※3점: 매우 높음, 2점: 보통, 1점: 낮음)

질문	기준[　]	기준[　]	기준[　]	합계
1	□1 □2 □3	□1 □2 □3	□1 □2 □3	
2	□1 □2 □3	□1 □2 □3	□1 □2 □3	
3	□1 □2 □3	□1 □2 □3	□1 □2 □3	
4	□1 □2 □3	□1 □2 □3	□1 □2 □3	
5	□1 □2 □3	□1 □2 □3	□1 □2 □3	

- 평가한 점수를 바탕으로 질문 3가지를 고르고, 이유를 말해 보세요.

4. 질문지도 만들기

- 선택한 질문들을 어떤 순서로 탐구하면 좋을지 생각해 보고, 이유를 써 보세요.

5장 질문을 연결하여 탐구로 나아가기

질문을 연결하여 탐구로 나아간다는 것은 질문과 사고를 바탕으로 탐구 활동을 계획하고 실천하는 과정을 의미합니다. 질문을 만든다고 해서 그것이 곧바로 탐구로 이어지지는 않습니다. 호기심을 가지고 한 질문이나, 질문도구를 통해 확장한 질문이 깊이 있는 사고와 탐구로 나아가기 위해서는 탐구수업을 세심하게 설계하는 교사의 손길이 필요합니다.

교사는 교육과정의 내용 체계와 성취기준을 토대로 탐구 과정을 설계해야 합니다. 학생의 삶과 밀접하게 연결된 탐구 주제를 선정하고, 사고 과정을 단계적으로 이끌며 탐구에 필요한 기능을 익힐 수 있도록 체계적으로 안내해야 합니다. 이렇게 설계된 탐구수업은 학생들의 궁금증과 배울 내용을 연결해 학생들에게 스스로 질문하고 생각하며 탐구로 나아가는 경험을 제공합니다.

이 장에서는 교사가 탐구수업을 설계하는 과정을 설명한 다음 질문도구를 활용하여 탐구를 진행한 수업 사례를 소개합니다. 이 수업 사례는 질문도구가 탐구수업에서 어떤 시너지를 내며 탐구를 이끌어 가는지를 보여 주는 하나의 참고 자료입니다. 앞에서 소개한 낱개의 질문도구들이 탐구 단계에 따라 어떤 흐름으로 작동하는지, 학생들의 질문이 탐구 단계에서 어떻게 탐구를 이끌어 가는지, 학생들의 탐구를 돕기 위해 교사는 어떤 역할을 했는지 드러내고자 노력했습니다. 이를 통해 수업의 단계뿐 아니라, 학생들은 어떻게 사고를 일으키며 배움을 확장했는지와 학생들의 질문이 어떻게 탐구로 나아가도록 돕는지 알게 되길 바랍니다.

탐구수업을 위한 준비

탐구수업을 설계하기 위해서는 교사에게 다음 네 단계의 준비 과정이 필요합니다. 각 단계의 준비 과정을 6학년 과학 수업을 예로 들어 살펴보겠습니다.

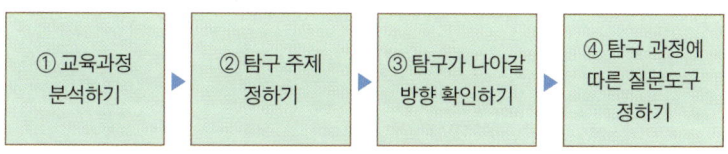

〈탐구수업을 위한 준비 과정〉

① 교육과정 분석하기

학생들과 탐구할 교과를 정하고, 교육과정에서 관련 교과의 내용 체계와 성취기준을 살펴보며 탐구를 통해 학생이 학습하게 될 내용인 '무엇을(지식·이해), 어떻게(과정·기능), 왜(가치·태도)'를 확인합니다. 다음은 과학과 탐구수업을 진행하기 위해 살펴본 과학과 내용체계표입니다.

(1) 운동과 에너지

핵심 아이디어	• 빛과 소리는 반사, 굴절, 진동 등 파동의 특성을 가지며, 그 특성은 거울, 렌즈, 악기, 색의 구현 등 편리하고 심미적인 삶에 도움이 된다.		
구분 범주	학년(군)별 내용 요소		
	초등학교		중학교
	3~4학년	5~6학년	1~3학년
지식·이해 / 빛과 파동	• 소리의 발생 • 소리의 세기 • 소리의 높낮이 • 소리의 전달	• 빛의 직진 • 평면거울에서 빛의 반사 • 빛의 굴절 • 렌즈의 이용	• 시각과 상 • 반사와 굴절 • 거울과 렌즈 • 빛의 합성과 색 • 파동의 발생과 전달 • 파동의 요소와 소리의 특성
과정·기능		• 자연과 일상생활에서 운동과 에너지 관련 문제 인식하기 • 문제를 해결을 위한 탐구 설계하기 • 관찰, 측정, 분류, 예상, 추리 등을 통해 자료를 수집하고 비교·분석하기 • 수학적 사고와 컴퓨터 및 모형 활용하기 • 결론을 도출하고, 자연과 일상생활에서 운동과 에너지 관련 상황에 적용·설명하기 • 자신의 생각과 주장을 과학적 언어를 사용하여 다양한 방식으로 표현하고 공유하기	• 자연과 일상생활에서 운동과 에너지와 관련된 현상을 관찰하고 문제를 찾아 정의하고 가설을 설정하기 • 적절한 변인을 포함하여 탐구 설계하기 • 운동과 에너지 사이의 관계를 이끌어내기 위해 자료를 수집하고 이를 그래프로 변환하여 해석하기 • 운동과 에너지와 관련된 다양한 현상을 관찰하여 규칙성을 추리하기 • 모형을 만들어 현상을 설명하거나 예측하기 • 과학적 증거에 기반으로 하여 주장하기
가치·태도	• 과학의 심미적 가치 • 과학 유용성 • 자연과 과학에 대한 감수성 • 과학 창의성 • 과학 활동의 윤리성 • 과학 문제 해결에 대한 개방성 • 안전·지속 가능 사회에 기여 • 과학 문화 향유		

과학과 내용체계표

② 탐구 주제 정하기

교과의 목표와 핵심 역량을 확인한 뒤, 내용 체계와 성취기준을 바탕으로 탐구 과정을 설계해야 합니다. 이렇게 할 때 국가 수준의 교육 목표를 충족하는 동시에, 학생의 사고를 보다 체계적이고 깊이 있게 이끌 수 있습니다.

6학년을 대상으로 과학과 탐구 주제와 탐구 과정에 필요한 사고를 확인하기 위해 성취기준을 검토했습니다.

> [6과02-01] 물체를 보기 위해서 빛이 있어야 함을 알고, 빛의 성질에 대해 흥미를 느낄 수 있다.
> [6과02-02] 빛이 나아가는 현상을 관찰하여 빛이 직진, 반사, 굴절하는 성질이 있음을 말할 수 있다.
> [6과02-03] 거울과 렌즈의 쓰임새를 조사하고 거울이나 렌즈를 이용한 장치를 창의적으로 만들 수 있다.

과학과 자연환경과 운동과 에너지 영역 5~6학년 성취기준

학생들은 과학 시간에 빛이 물체를 볼 수 있게 한다는 사실을 찾아보고, 빛의 직진, 반사, 굴절 현상을 탐구합니다. 관찰과 측정, 분류와 예측, 분석 등 다양한 사고 과정을 거치며 빛의 성질이 실제 생활에서 어떻게 적용되는지 발견합니다.

또한 내용 체계를 반영하여 거울과 렌즈의 쓰임새를 조사하는 과정에서, 학생들은 빛의 성질이 인간의 생활을 더욱 편리하고 아름답게 만든다는 점을 확인하면서 심미적 가치와 과학의 유용성

을 동시에 탐색하게 됩니다. 거울이나 렌즈를 활용해 직접 장치를 만들어 보는 활동을 하면서 탐구는 단순한 지식 습득을 넘어 삶과 연결된 의미 있는 경험이 됩니다.

③ 탐구가 나아갈 방향 확인하기

탐구수업에서 탐구의 방향을 결정할 때는 백워드 설계 모형(Backward Design Model)의 단원 설계 단계 도식을 참고할 수 있습니다. 교사는 학습을 통해 바라는 결과를 확인하고, 학생들이 그 결과를 성취했는지의 여부를 파악할 수 있는 증거를 결정하는 것이 중요합니다.

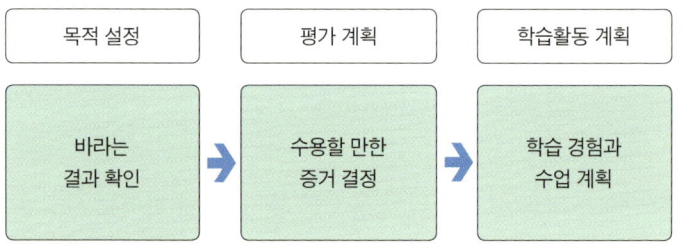

백워드 모형의 단원 설계 단계(Wigggins & McTighe, 1998)

학습의 성공 기준을 먼저 정하고, 수업 초반에 최종 과제를 하나의 형태로 분명히 하여 학생들과 공유합니다(설명서, 시연, 보고서, 전시물 등). 예를 들면, 개념이 정확한가, 이유를 말했는가, 증거가 있는가(표·그래프·사진·스케치), 비교·적용이 있는가, 전달이 명확한가

등이 될 수 있습니다. 기준 문장은 "잘 이해함" 대신 "측정값과 그림으로 설명한다"처럼 행동과 증거를 중심으로 씁니다. 수업 흐름 속에서 어떤 증거를 언제 남길지(진단-형성-최종-성찰)도 함께 계획할 수 있습니다.

채점기준표인 루브릭을 탐구 시작 전에 학생들과 함께 작성하면 효과적입니다. 루브릭은 학생들에게 탐구의 방향을 잡아 주는 중요한 지표가 되기 때문입니다. 루브릭이 가리키는 방향이 곧 탐구의 방향과 일치하기 때문에 학생들은 중간중간 자신의 학습을 점검하고 자신의 학습이 나아갈 방향을 확인하며 탐구를 학습과 연결할 수 있습니다. 전문적 소양이 필요한 루브릭을 학생들이 직접 개발하는 것은 어려운 일이지만, 생성형 AI 기술의 힘을 빌리면 학생들도 루브릭을 개발하는 작업에 동참할 수 있습니다.

범주	채점 기준	능숙	도달	시작
지식·이해	물체 관찰 및 이해	나는 볼록 렌즈를 이용해 물체의 모습을 자세히 관찰하고, 볼록 렌즈의 형태와 기능을 관련지어 설명할 수 있다.	나는 볼록 렌즈를 이용해 물체의 모습을 관찰하고, 형태와 기능의 연관성을 부분적으로 설명할 수 있다.	나는 물체의 모습을 관찰하는 단계에 있다.
과정·기능	주제에 대한 호기심, 확장, 초점	나는 진술문을 질문으로 만들기, 바람개비, 까까까? 질문을 통해 주제에 대한 호기심을 느끼고 주제를 확장하여 초점 있는 질문을 만들 수 있다.	나는 질문을 통해 주제에 대한 호기심을 느끼며, 확장이나 초점의 단계를 경험했다.	나는 질문을 통해 주제에 대해 단순히 알게 되었다.

가치·태도	관심 있는 주제 선정	나는 주제에 관한 다양한 질문으로 조사가 가능한 관심 있는 주제를 잘 정했다.	나는 질문을 통해 관심 있는 주제를 정했다.	나는 관심 있는 주제를 고민만 했다.
	조사 계획 세우기	나는 개념 질문을 잘 연결하여 깊이 있는 탐구 계획을 세웠다.	나는 개념 질문을 연결하여 탐구 계획을 세웠는데 보완할 점이 많다.	나는 탐구 계획을 세우는 데 어려움을 느낀다.
	자료 수집 및 분석	나는 교과서와 인터넷 자료를 효과적으로 수집하고 분석했다.	분석하는 과정을 자세히 안내 받아 수행했다.	나는 자료 수집 및 분석하는 방법을 안내 받고 따라하는 것이 어렵다.
	발표 준비	나는 주제를 명확히 하여 발표 자료를 잘 준비했다.	나는 발표 자료를 준비했지만 다른 사람들이 이해하기 어렵다고 했다.	나는 발표 자료를 준비하는 데 어려움을 느낀다.
	경청과 협력	나는 다른 사람의 의견을 존중하며 적극적으로 경청했다.	나는 다른 사람의 의견을 듣고 협력하려고 노력했다.	나는 다른 사람의 의견을 듣지 않았다.
	역할 수행	나는 맡은 역할에 대해 책임을 다하고 적극적으로 참여했다.	나는 맡은 역할을 수행했지만 조금 소극적이었다.	나는 맡은 역할을 수행하지 않았다.

생성형 AI를 이용해서 만든 루브릭

④ 탐구 과정에 따른 질문도구 정하기

학생들이 탐구할 때 필요한 사고 기능을 생각하여 질문도구를 계획합니다. 질문도구를 탐구 단계와 함께 계획하면 탐구 활동이 분명해지고, 질문을 바탕으로 사고할 수 있는 학습 자료를 준비할 수 있습니다. 각 단계에 맞는 질문도구를 적절히 계획하여 학생들이 호기심에서 시작해 체계적이고 의미 있는 탐구로 나아갈 수 있도록 수업을 설계할 수 있습니다.

탐구수업의 단계

기존의 탐구수업은 대체로 교사가 제시한 탐구 질문을 중심으로 진행됩니다. 여기서 소개하는 탐구수업의 단계는 탐구의 출발점을 교사가 아닌 학생의 질문에 두었을 때, 수업이 어떤 흐름으로 전개될 수 있는지에 대한 것입니다.

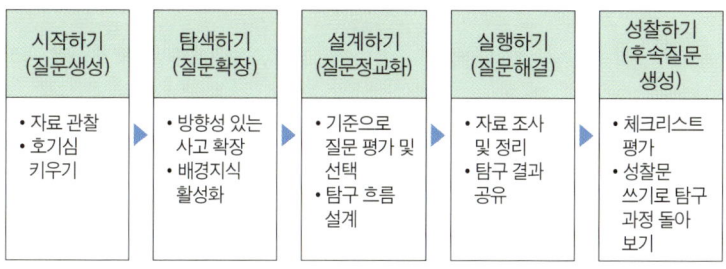

앞서 소개한 질문 질문생성 Spark - 질문확장 Grow - 질문정교화 Focus 단계를 바탕으로, 탐구수업의 전체 흐름을 다섯 단계로 구성했습니다. 우선 학생이 자료를 관찰하며 호기심을 느끼고, 궁금한 점을 발견하며 탐구의 주인의식을 갖는 것으로 시작합니다. 탐색하기 단계에서는 탐구 대상을 여러 관점에서 다시 바라보며 생각의 폭을 넓히고, 관련 배경지식을 떠올리며 질문과 사고를 확장합니다. 설계하기 단계에서 학생은 탐구의 목적을 확인하고, 제시된 기준에 따라 탐구할 핵심 질문을 고르고, 질문들 사이의 관계와 순서를 정리해 탐구 계획을 세웁니다. 실행하기 단계에서는 계획에 따라 자료를 조사하고 정리한 뒤 그 결과를 친구들과 공유합니다. 마지막 성찰하기 단계에서 탐구 과정에서 겪은 어려움과 해결 과정을 되돌아보며 배운 점과 어려움을 정리하고, 후속 질문을 도출합니다.

다음 표는 이 다섯 단계에서 학생이 경험하게 될 구체적인 활동과 교사의 역할을 보여 줍니다.

단계		학습 경험	교사의 역할
시작하기	질문생성	• 탐구 주제와 관련된 자료를 관찰하며 질문의 초점 찾기 • 관찰한 사실과 증거를 진술로 정리하며 호기심과 학습의 주인의식 키우기 • 질문도구를 활용해 다양한 초기 질문 생성하기	• 교육과정 핵심 개념이 드러나는 초점 자료 제시, 학생의 사전지식·관심 파악 • 질문도구 사용법 안내와 안전한 질문 문화 조성 • 평가 루브릭을 소개해 탐구 과정의 기준 공유
탐색하기	질문확장	• 질문도구로 기존 질문을 확장하며 배경지식과 연결하기 • 서로의 질문을 재구성·보완하며 다양한 관점의 질문 만들기 • 질문 유형을 비교하며 생각의 구조 정리하기	• 사고를 넓히는 질문도구와 활동 제안 • 질문 간 연결성과 다양성 촉진 • 학생들이 새롭게 만든 질문을 인정하고 확장 독려
설계하기	질문정교화	• 모인 질문을 분석·평가하여 탐구할 핵심 질문 선정하기 • 기준에 따라 질문의 우선순위와 위계 정리하기 • 선정된 질문으로 탐구 목표와 흐름 계획 세우기	• 질문 선별 기준 제시 및 정교화 질문도구 활용 지도 • 질문 구조의 논리성과 적절성을 함께 점검 • 학생의 탐구 계획 수립 과정에 구체적 피드백 제공

실행하기	질문해결	• 탐구 계획에 따라 자료를 수집·분석하여 질문에 대한 답 도출하기 • 결과를 정리해 글·발표·포스터 등으로 표현하기 • 친구의 탐구를 경청하고 상호 피드백 나누기	• 조사 방법 안내와 정보의 신뢰성 및 타당성 점검을 지도 • 결과 정리와 발표 준비를 지원하고 공유의 장 마련 • 존중에 기반을 둔 피드백 문화를 이끌기
성찰하기	후속질문생성	• 탐구 과정의 어려움·해결 경험과 배운 점을 돌아보기 • 자신의 학습 변화를 정리하며 의미 부여하기 • 다음에 탐구할 후속 질문과 아이디어 만들기	• 성찰을 돕는 질문 및 체크리스트 제공 • 학생의 탐구 과정과 성찰 내용에 대한 피드백 제공 • 다음 탐구로 이어질 수 있도록 후속 탐색 유도

탐구수업 사례

질문도구가 탐구 단계에서 어떻게 활용되는지를 보여 주기 위해 수업 사례를 제시합니다. 이를 통해 질문도구가 학생들의 사고를 어떻게 이끄는지, 교사는 각 단계에서 어떻게 지원해야 하는지를 구체적으로 알 수 있을 것입니다.

학년·과목	6학년 과학
탐구주제	렌즈의 쓰임새 조사하기
핵심 아이디어	빛과 소리는 반사, 굴절, 진동 등 파동의 특성을 가지며, 그 특성은 거울, 렌즈, 악기, 색의 구현 등 편리하고 심미적인 삶에 도움이 된다.
성취기준	[6과02-01] 물체를 보기 위해서 빛이 있어야 함을 알고, 빛의 성질에 대해 흥미를 느낄 수 있다. [6과02-02] 빛이 나아가는 현상을 관찰하여 빛이 직진, 반사, 굴절하는 성질이 있음을 말할 수 있다. [6과02-03] 거울과 렌즈의 쓰임새를 조사하고 거울이나 렌즈를 이용한 장치를 창의적으로 만들 수 있다.
수업흐름	①시작하기 (질문생성) '마침표-물음표' • 볼록렌즈 관찰하기 • 탐구주제에 호기심 갖기 ▶ ②탐색하기 (질문확장) '질문토네이도' '까까까?' • 볼록렌즈의 쓰임새에 관한 생각 넓히기 ▶ ③설계하기 (질문정교화) '개념안경' '질문지도' • 볼록렌즈의 쓰임새를 탐구하는 목적 파악하고 탐구 흐름 설계하기 ▶ ④실행하기 (질문해결) • 설계한 탐구 질문에 대해 자료 조사하고 정리하기 • 탐구 결과 발표하기 ▶ ⑤성찰하기 (후속질문 생성) • 체크리스트로 탐구과정 스스로 평가하기 • 성찰문으로 돌아보기

① 시작하기- '마침표-물음표' 활용

학생들은 탐구할 주제와 관련된 자료를 관찰하는 것으로 탐구를 시작했습니다. 관찰하고 바로 질문을 시작하지 않고, 관찰한 것을 진술로 적으며 사실적 이해의 토대를 쌓도록 했습니다. 관찰한 사실뿐만 아니라, 주제에 대해 들은 것, 본 것 등을 떠올리며 되도록 많은 진술을 할 수 있게 했습니다.

구체물인 볼록렌즈를 관찰 자료로 제시했습니다. 볼록 렌즈의 성질을 잘 이해한 학생들은 볼록 렌즈를 관찰하며 진술을 쓰는 데 망설임이 없었습니다. 학생들은 진술을 적으며 배운 내용을 다시 찾아 읽어 보기도 하고 서로 소통하면서 진술을 채워 나가기도 했습니다. 교사는 학생들이 작성한 진술을 보며, 학생들이 갖고 있는 오류에 대해 피드백을 하거나 이해의 정도를 가늠하며 수업의 방향키를 조절할 수 있습니다.

학생들이 만든 진술
볼록 렌즈는 가운데가 볼록하다. 볼록 렌즈로 물체를 관찰하면 실제와 달라 보인다. 볼록 렌즈는 용도가 다양하다. 빛은 색이 여러 개일 수 있다. 볼록 렌즈의 역할을 하는 물건이 있다. 볼록 렌즈로 보면 실제보다 커 보인다. 볼록 렌즈의 렌즈는 투명하다.

학생들이 진술문으로 만든 질문
볼록 렌즈는 가운데가 **볼록할까**? 볼록 렌즈로 물체를 관찰하면 실제와 달라 **보일까**? 볼록 렌즈는 용도가 **다양할까**? 빛은 색이 여러 개일 수 **있을까**? 볼록 렌즈의 역할을 하는 물건이 **있을까**? 볼록 렌즈로 보면 실제보다 커 **보일까**? 볼록 렌즈의 렌즈는 **투명할까**?

학생들은 진술을 질문으로 바꾸며 관찰한 내용을 다시 되짚어 보았습니다. 그리고 볼록 렌즈의 기능에 대한 질문을 만들며 볼록 렌즈의 형태를 다시 떠올려 보기도 했습니다. 진술을 질문으로 바꾸는 과정에서 스스로에게 질문을 던지며 자신이 알고 있는 내용을 점검했습니다.

"볼록 렌즈는 용도가 다양하다."라고 쓸 때는 별생각이 없었는데, "볼록 렌즈는 용도가 다양할까?"라고 쓰니까 갑자기 볼록 렌즈의 용도가 뭐가 있을지 궁금하고 알아보고 싶어져요.

진술을 질문으로 바꾸기만 했는데 사고의 불꽃이 빛을 내기 시작했습니다. 사고의 불꽃이 금세 힘을 잃고 꺼지지 않게 하려면, 학생들이 만든 진술의 진위를 판단하는 것보다 다양한 진술을 쓰고 그것을 질문으로 바꾸는 과정에서 일어나는 사고의 변화를 포

착하는 것에 방점을 두는 교실 문화가 필요합니다. 또한 질문으로 바꾼 후에는 질문 중에 정말 궁금하거나 확인하고 싶은 내용을 표시하도록 합니다. 그 내용은 다음 단계를 연결하는 중요한 고리가 될 수 있습니다.

② 탐색하기 – '질문토네이도' '까까까?' 활용

볼록 렌즈로 질문을 만들기 시작한 아이들은 온통 볼록 렌즈에 대한 이야기로 들썩였습니다. 이제 학생들이 다양한 질문을 만들며 사고의 확장을 경험할 차례입니다. 학생들의 사고를 확장하기 위해 학생들에게 볼록 렌즈와 어울리는 서술어를 찾아보며 볼록 렌즈로 할 수 있는 다양한 활동을 상상해 보도록 했습니다.

'만들다', '사용하다'처럼 볼록 렌즈와 어울리는 서술어를 생각나는 대로 적어 보세요. 가능한 많이, 다양한 관점에서 생각해 보세요. 서술어를 다 쓰고 나면 순식간에 질문을 만들 수 있는 놀라운 방법을 알려 줄게요.

여러 가지 서술어 중 주제어에 어울리는 서술어를 선택하는 과정에서 학생들은 다시 방향성 있는 사고의 확장을 경험하게 됩니다. 여기서 방향성이 있는 사고의 확장이란, 볼록 렌즈와 어울리는 서술어(예: 빛의 굴절과 관련된 활동)를 떠올리고, 그 방향으로 사고를 확산시킨다는 의미입니다.

대부분의 학생이 볼록렌즈와 관련한 서술어로 '사용하다, 만들다, 쓰다, 관찰하다, 보다, 발명하다'를 선택했습니다. 각자 선택한 서술어에 질문바람개비의 육하원칙을 사용하여 질문을 확장하도록 했습니다. 학생들의 서술어의 선택은 비슷했지만, 학생들이 질문바람개비의 육하원칙을 사용하자 생성된 질문은 다양했습니다.

사다	생각하다	관찰하다
사용하다	발명하다	보다
만들다	팔다	만지다

생각하다	사용하다	발명하다
①언제 볼록 렌즈를 생각했을까? ②왜 볼록 렌즈가 생각났을까? ③무엇 때문에 볼록 렌즈를 생각했을까? ④누가 볼록 렌즈를 생각해냈을까? ⑤어떻게 볼록 렌즈를 생각했을까?	①언제 볼록 렌즈를 사용할까? ②왜 볼록 렌즈를 사용할까? ③무엇에 볼록 렌즈를 사용할까? ④누가 볼록 렌즈를 사용할까? ⑤어떻게 볼록 렌즈를 사용할까? ⑥어디에서 볼록 렌즈를 사용할까?	①언제 볼록 렌즈가 발명됐을까? ②왜 볼록 렌즈를 발명했을까? ③무엇을 목적으로 볼록 렌즈를 발명했을까? ④누가 볼록 렌즈를 발명했을까? ⑤어떻게 볼록 렌즈를 발명했을까? ⑥어디에서 볼록 렌즈가 발명됐을까?

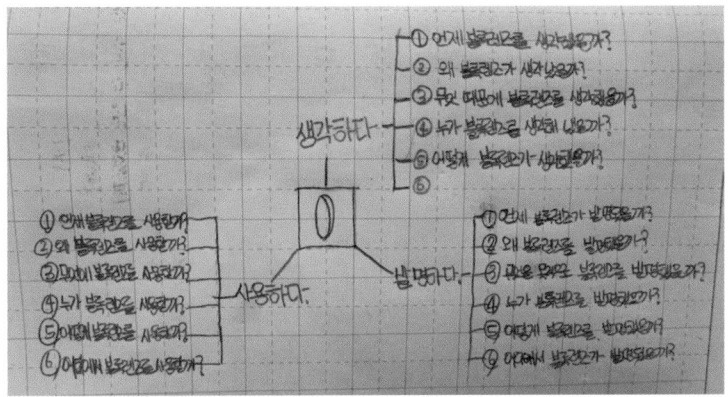

학생의 질문토네이도 활동 사례

  질문토네이도를 거치면, 질문을 만들기 전에는 닿지 못하던 영역까지 사고가 넓어집니다. 학생들은 이 물음을 따라 자신의 경험과 지식을 스스로 끌어내며 관련 배경지식을 활성화하고, 서술어를 중심으로 맥락(시간·장소·대상·목적·방법)을 촘촘히 채워 나갑니다. 그 결과 막연한 궁금증이 조사 가능한 질문으로 정리되고, 탐구의 폭이 동시에 확장됩니다.

  학생들이 이렇게 많은 질문을 만들다 보면 궁금함을 참지 못하고 교사에게 답을 구할 때가 있습니다. 어떤 질문은 교사의 정밀한 설계 하에 이루어지는 수업의 방향과 맞지 않기도 하고, 모든 질문을 해결하려다가 시간에 쫓겨 정작 탐구의 큰 목적이 흐려질 때도 있습니다. 이럴 때는 질문 주차장처럼 교실 내에 일정한 공간을 만들어 학생들이 만든 질문을 모아 두고, 나중에 학생들이 스스로 질문을 골라 탐구를 진행할 수 있도록 안내하면 좋습니다. 이런 방법으로 학생의 질문을 존중하는 문화를 조성하면, 학생들의 탐구심이 지속될 수 있으며 수업으로 설계한 탐구 또한 목적에 맞게 진행될 수 있습니다.

> 볼록 렌즈는 '확대하다'랑 잘 어울린다고 생각했는데 질문을 만들고 나니 이상해요.
> '쓰다'라는 서술어는 별로 재미없을 거 같았는데 질문을 만들고 보니 정말 궁금해요.

학생들은 서술어를 두고 재미있는 질문이 나올 거라고 짐작한 것과 질문으로 적었을 때 호기심을 불러일으키는 질문이 다르다는 것을 경험합니다. 질문은 머릿속에서 생각만 하는 것이 아니라, 손으로 쓰고 눈으로 다시 읽었을 때 빛이 난다는 것을 발견하게 되었습니다.

질문토네이도 활동 후에 생각을 좀 더 펼쳐보고 싶은 학생들이 있다면, 좀 더 수준 높은 질문의 세계로 초대합니다. 조건에 따라 질문의 끝맺음을 바꾸어 보며 사고를 확장하는 질문도구인 '까까까?'를 활용하면 학생들이 조건부 상상의 질문으로 재미있는 상상을 하기도 하고, 당위에 대한 질문으로 조금 더 고차원적인 사고를 경험하기도 합니다. 질문토네이도를 활용해 만든 문장으로 '까까까?'를 적용했습니다.

　학생들은 '볼록 렌즈를 사용하다'에 육하원칙을 입혀 질문을 확장해 보았지만, 또 다른 질문도구로 질문이 다른 방향으로 더 확장될 수 있음을 경험했습니다. 질문도구를 활용하여 질문의 폭과 깊이를 확장해 본 학생들은 자신이 이렇게 많고 다양한 차원의 질문을 만들어 냈다는 것에 효능감을 느끼고 탐구의 주인이 되어 갔습니다. 질문도구를 통해 질문의 언어와 구조를 반복적으로 활용하면서 질문을 만들 때, 질문을 만드는 것에 익숙해지고 질문을 통해 탐구하고 사고로 나아가는 것이 자연스러워집니다.

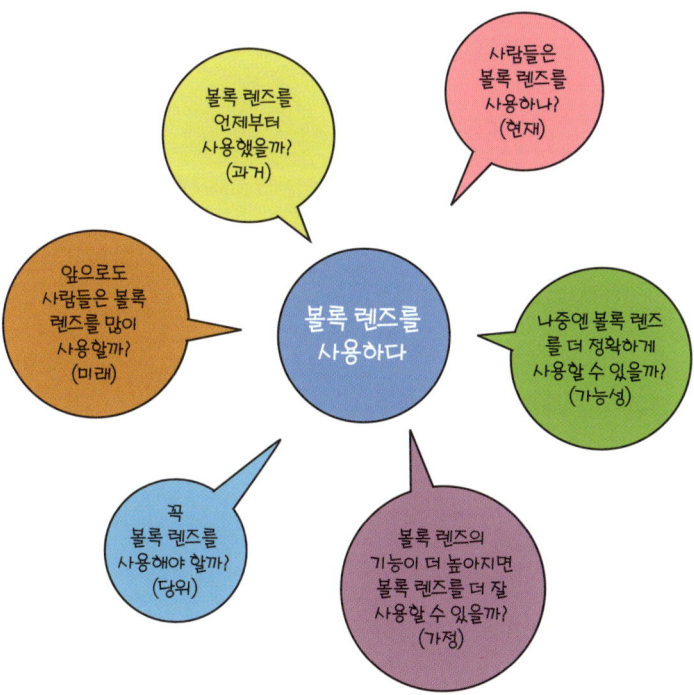

③ 설계하기 - '개념안경' '질문지도' 활용

볼록 렌즈를 주제로 만든 다양한 질문을, 비판적으로 사고하며 기준을 정하고 정교화하는 활동을 진행했습니다. 이 활동을 통해 질문을 다듬는 것에서 그치는 것이 아니라, 질문의 답을 어떻게 찾을 것인지 고민하면서 본격적인 탐구의 방향을 정하게 됩니다.

우선 학생들에게 지금 하고 있는 탐구가 무엇을 위해서 하는 것인지 물어보았습니다.

> 교사: 우리는 무엇을 위해서 '볼록 렌즈의 쓰임새'에 대해 탐구할까요?
> 학생: 볼록 렌즈가 어떻게 쓰이고 있는지 알아야 다른 것도 만들 수 있어서요.
> 교사: 왜 다른 것도 만들어야 하지요?
> 학생: 사람들이 사용할 수 있는 걸 많이 만들면 삶이 편리해지니까요.
> 교사: 그럼 볼록 렌즈의 쓰임새를 알아보는 탐구의 목적을 '편리한 삶을 위해서'라고 정해도 될까요?

교육과정의 내용체계표에서 가치·태도 영역은 탐구의 목적과 연결됩니다. 예컨대, 이번 탐구수업에서는 '볼록 렌즈의 쓰임새'를 탐구의 목적으로 정할 수 있습니다. 탐구 목적을 확인하면 학생들은 탐구의 초점을 분명히 할 수 있고, 개념을 어떻게 구성하여 탐구를 설계할 것인지 고민하게 됩니다. 이 과정에서 학생들의 탐구가 단순히 지식을 조사하고 정리하는 것에서 그치지 않게 됩니다.

  탐구 목적을 확인한 다음에, 그 목적에 알맞은 개념을 선택하도록 했습니다. 이때 개념을 초점으로 삼아 질문의 관점과 방향을 설정하는 연습을 하는 질문도구인 '개념안경'을 활용했습니다. 학생들은 탐구 목적을 생각하며 형태, 기능, 변화, 연결성, 인과 관계의 카드를 골라 개념 질문을 형성했습니다. 학생들은 볼록 렌즈와 관련해서 많은 질문을 만들며 사고의 폭을 넓혀 두었기 때문에 개념안경으로 질문 만드는 것을 어려워하지 않았습니다.

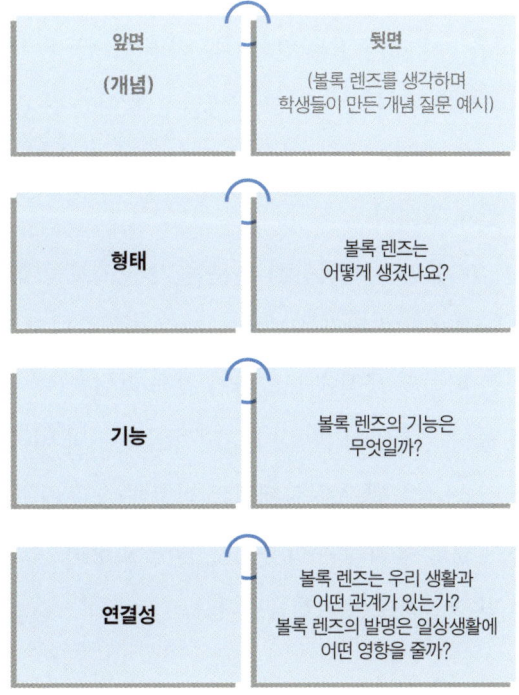

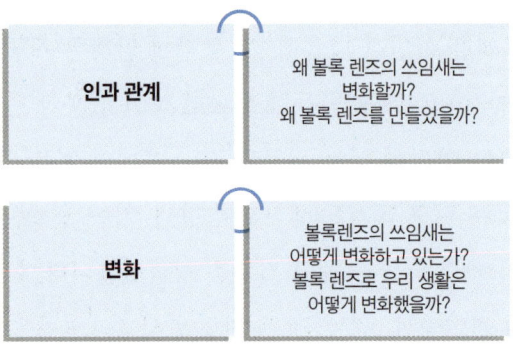

개념안경을 사용한 질문의 예

　개념안경을 활용하여 질문 만들기를 하면 학생들은 개념에 대해 정확히 이해하게 됩니다. 그리고 개념안경에 따라 볼록 렌즈의 탐구 과정이 여러 가지 방향으로 전개될 수 있다는 것을 구체적으로 떠올릴 수 있게 됩니다.

　학생들은 각자 만든 개념안경 질문을 가지고 모둠에서 만나 서로의 질문을 공유하며 탐구 설계에 대해 논의했습니다. '편리한 삶을 위해'라는 탐구의 목적에 도달하기 위해 학생들은 '어떤 질문으로 탐구를 열어갈 것인가'를 깊이 고민하며 탐구의 이야기를 스스로 만들어 갔습니다. 탐구를 설계하는 과정에서, 우리가 설계한 탐구의 흐름이 정말 목적에 부합하는지, 탐구 과정이 논리적으로 맞는지 여러 번 점검하고 토의했습니다.

학생들은 질문을 대표하는 개념이 적힌 붙임쪽지를 붙였다 떼었다 반복하며 탐구의 흐름을 설계하는 '질문지도'를 완성했습니다. 탐구 질문의 순서를 정하는 것은 탐구의 과정을 앞뒤 맥락에 맞게 논리적으로 정리하는 활동입니다. 이 활동을 통해 무엇을 먼저 알아보고, 그다음에 무엇을 해야 하는지 학생의 머릿속에 단계가 그려집니다.

5가지 개념을 사용하여 만든 질문으로 설계된 탐구라서 겉으로 보기에는 학생들의 탐구 주제나 과정이 비슷해 보일 수도 있습니다. 하지만 질문을 정교화하고 탐구 순서를 조금씩 달리하면서 각 모둠마다 탐구의 색깔과 깊이에 차이가 생겼습니다.

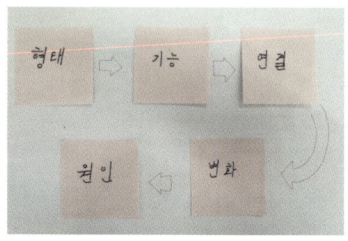

A 모둠의 질문지도

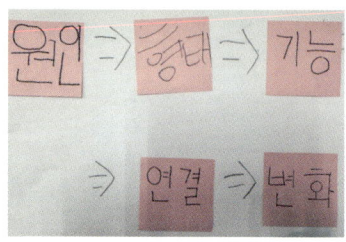

B 모둠의 질문지도

④ 실행하기

볼록 렌즈의 형태를 알아보는 것으로 탐구를 시작한 A 모둠은 볼록 렌즈의 생긴 모양을 그림으로 나타냈습니다. 그리고 가운데는 볼록하고 끝으로 갈수록 얇아지는 볼록 렌즈의 형태를 통해 가까운 것은 크게 보이고, 멀리 있는 것은 작고 뒤집혀 보이게 하는 원리(기능)를 설명했습니다. 이후 볼록 렌즈가 어떻게 보이는지를 넘어서, '이런 기능이 우리의 삶과 어떻게 연결되어 있을까?'라는 질문으로 조사 학습을 이어 갔습니다. 여러 자료를 찾아보며 볼록 렌즈가 사용되는 다양한 사례를 살펴보고, 각각의 쓰임새에 볼록 렌즈의 어떤 기능이 활용되고 있는지를 조사하여 설명했습니다.

이 과정을 통해 학생들은 볼록 렌즈의 쓰임새가 점점 더 다양하게 확대되고 있다는 사실을 발견했고, '왜 이렇게 쓰임새가 변화하고 다양해질까?'라는 질문에 대해, 인간의 삶이 변화하면서 새로운 필요가 생기기 때문이라는 원인을 스스로 찾아내며 탐구를 마무리했습니다. 결과적으로, 학생들은 볼록 렌즈의 형태와 원리를 이해하는 데서 시작해, 그것이 삶과 어떻게 연결되고 왜 변화하는지를 스스로 탐구하며 학습과 삶을 이어 보는 깊이 있는 탐구를 완성했습니다.

B 모둠은 '왜 볼록 렌즈는 만들어졌을까?'라는 인과관계 질문으로 탐구를 시작했습니다. 이 질문을 던지는 순간, 학생들의 다양한 상상력과 호기심이 더해져 재미있고 창의적인 이야기들이 이어졌습니다. 이후 학생들은 볼록 렌즈의 형태와 기능을 탐구하며, 볼록 렌즈가 실제로 우리 삶에 어떤 영향을 주었는지를 살펴보고, 현재 어디에서 어떻게 쓰이고 있는지 쓰임새를 조사했습니다. 나아가 볼록 렌즈의 쓰임새가 시대와 기술의 변화에 따라 어떻게 달라졌는지 알아보고, 앞으로 볼록 렌즈가 어떻게 활용될 수 있을지 미래의 쓰임새를 예측하며 탐구를 확장했습니다. 이 모둠은 관찰과 조사에서 시작해서 과거와 현재에 대한 탐구를 통해 미래를 예측하며 탐구의 과정을 한 단계 끌어올리며 탐구를 마무리했습니다.

질문으로 탐구를 설계하면 질문이 탐구의 방향과 목적을 분명하게 만들어 줍니다. 학생들 스스로 '왜?', '어떻게?'를 설정하고 그 답을 찾으며 탐구 과정을 주도하게 됩니다. 이런 과정을 통해 학생들은 변화의 이유를 찾고 학습과 삶을 연결하고 미래를 예측하며 탐구의 이야기를 만들어 가게 되는 것입니다.

⑤ 성찰하기

교사는 질문을 바탕으로 진행되는 탐구 과정에서, 학생들이 사고하고 탐색하는 과정을 모니터링하며 관찰 평가를 할 수 있습니다. 또한, 학생들의 탐구 기록과 활동 결과물을 모아 포트폴리오 평가를 통해 학습의 성장 과정을 살펴볼 수도 있습니다.

학생의 성장을 위한 평가가 되기 위해서는 적시에 이루어지는 교사의 다양하고 적절한 피드백이 중요하지만, 학생 스스로도 평가 과정에 능동적으로 참여하고, 서로에게 건설적인 피드백을 주고받으며 성찰하고 적용할 수 있어야 합니다. 이렇게 자기 평가를 통해 탐구 과정을 성찰하는 경험은, 학생들이 스스로 배움을 조절하고 성장 방향을 찾아가도록 돕습니다.

• 체크리스트

학생들의 자기 평가를 위해 앞서 학생들과 함께 고민하고 작성했던 루브릭을 활용했습니다. 학생들은 사뭇 진지한 표정으로 자신이 걸어온 탐구 과정을 되돌아보며, 스스로의 모습에 가장 가까운 루브릭을 골라 표시했습니다. 이런 방식은 이분법적으로 '잘했다' 혹은 '못했다'와 같이 결과만 평가하는 것과는 다릅니다. 학생들은 탐구 결과물이 아니라, 탐구 과정 전체를 돌아보며 나의 학습이 어디에 위치하고 있는지, 앞으로 더 성장하기 위해 무엇을 개발하고 배워야 할지를 고민하고 목표를 세우기도 했습니다. 이러한 경험을 통해 학생들은 평가를 받는 수동적인 입장이 아니라, 자신의 학습을 이끌어 가는 주체, 즉 학습의 주인이 되어 봅니다.

 교사도 학생들이 표시한 자기 루브릭을 통해 학생 스스로 탐구를 어떻게 바라보는지, 어떤 부분을 부족하다고 느끼고 있는지 정보를 얻을 수 있습니다. 실제 탐구가 진행되는 동안 교사는 주로 집중력을 잃거나 탐구 과정을 이해하기 어려워하는 학생들에게 더 신경을 쓰게 됩니다. 그러다 보니 학습 능력이 뛰어난 학생들에게 충분한 조언을 주지 못할 때가 있습니다. 이럴 때 학생들의 자기 루브릭이 도움이 됩니다. 학생들이 작성한 체크리스트를 살펴보다가, 한 학생이 자기 평가에서 탐구 과정 전반에 자신감을 보였지만 '자료를 수집하고 분석하는 부분에서 부족함을 느꼈다'에 표시한 걸 발견했습니다. 교사는 그 학생에게 무엇이 어려웠는지 구체적으로 묻고, 그 과정에서 놓쳤던 피드백을 제공해 학생의 성장을 도울 수 있었습니다. 또, 질문을 통해 사고를 확장하거나 초점을 조율하며 질문을 정교화하는 부분이 어렵다고 표시한 학생에게는 질문도구를 더 유연하게 활용하는 방법을 알려 줄 수 있었습니다.

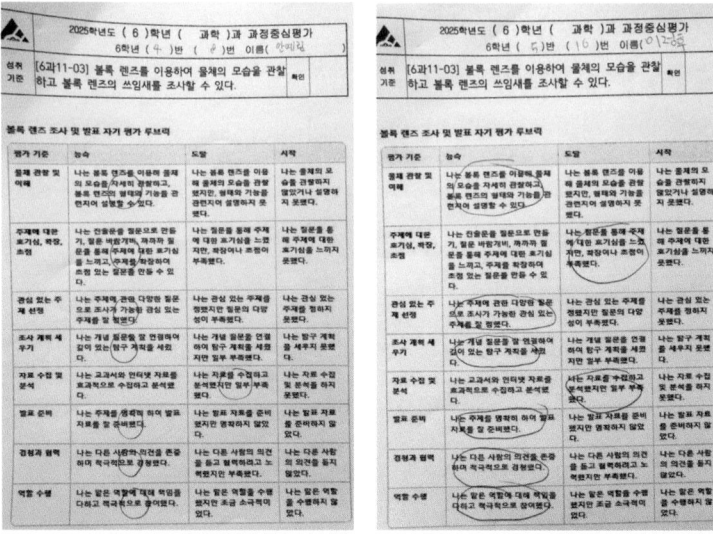

루브릭을 활용한 학생들의 자기평가

- **성찰문**

  탐구 성찰문은 자신의 질문으로 이어진 탐구 과정을 되돌아보고 스스로의 생각과 성장 과정을 자신의 언어로 정리하며 한 단계 더 깊이 성찰하게 합니다. 체크리스트로 학생의 학습 결과나 수행 정도는 확인할 수 있지만, 탐구 과정에서 어떤 부분이 어려웠고, 이를 해결하기 위해 어떤 시도를 했는지까지는 표현하기 어렵습니다. 또한 협력 과정에서 친구의 의견을 수용하며 생각이 바뀐 경험, 탐구 중에 느낀 흥미와 깨달음, 다음 탐구에 대한 새로운 목표, 중요한 내적 변화 등을 표현할 기회가 필요합니다. 이렇게 성찰하는 과정을 통해 학생의 메타인지 사고능력은 심화할 것입니다.

> **성찰문 작성 시 교사가 제시할 수 있는 질문**
>
> ① **인지적 변화에 대한 성찰 질문**
> - 무엇을 배웠나요?
> - 우리가 공부하고 있는 '내용'에 대해 무엇을 알게 되었나요?
> - 어떻게 그것을 배웠나요?
> - 질문은 학습과 탐구에서 왜 중요한가요?
>
> ② **정서적 영향에 대한 성찰 질문**
> - 자신이 질문을 만든 것에 대해 어떻게 느끼나요?
> - 여러분이 수행한 활동의 어떤 점이 좋았나요?
>
> ③ **행동적 변화에 대한 성찰 질문**
> - 질문도구를 다른 상황에서 어떻게 사용할 수 있을까요?

성찰하기 단계를 생략한다면, 학생은 탐구에서 질문도구를 통해 자신의 질문을 만드는 것을 그저 교사가 요구하기 때문에 따르는 하나의 수업 활동으로 인식할 수 있습니다. 따라서 성찰하기는 학생이 탐구를 위해 익힌 질문도구의 기능과 사고 능력을 지속적으로 사용하기 위해서도 반드시 필요한 과정입니다.

학생들이 작성한 성찰문은 교사에게도 많은 이점이 있습니다. 먼저, 학생의 탐구 과정과 사고 흐름을 깊이 이해할 수 있습니다. 이를 바탕으로 탐구 과정에서 제공하지 못했던 피드백을 개별적으로 줄 수 있습니다. 다음 탐구를 설계할 때 학생들이 공통적으로 어려워한 부분이나 더 발전시키고 싶어하는 점을 반영할 수 있는 유용한 정보도 얻게 됩니다. 그리고 질문으로 설계한 탐구수업의 가치를 학생의 입을 통해 듣는 기회는 새로운 교실의 변화를 위해 노력하는 교사에게 확신과 자신감을 심어 줄 것입니다.

성찰문 사례1- #질문덕분에 #과학이재밌어 #내가이끈탐구

볼록 렌즈에 대해 질문을 만들고 탐구 과정을 설계하는데 처음에 정말 힘들었다. 작년 5학년 때 과학 시험 점수는 바닥을 쳤고 과학 실험만 재미있었고 나머지는 딱히 흥미도 없었다. 하지만 6학년 돼서 과학에 대한 흥미가 열린 거 같다. 처음에는 모든 게 귀찮았지만 일상생활에서 흔히 있는 물건을 파가지고 질문하고 탐구하는 게 정말 새로웠다. 내가 궁금한 걸 질문으로 만드는 게 뭔가 속이 후련하고 재미있었다. 그리고 언제, 어디에서, 왜, 무엇을, 누가, 어떻게를 생각해서 질문을 만드니까 질문이 쉬웠다. 이젠 질문 만드는 것과 탐구를 하는 게 정말 재밌다.

성찰문 사례2- #질문이주는즐거움 #호기심과질문

4단원에서 다양한 질문 만들기를 통해 질문을 만드는 것에 흥미를 느꼈고, 내가 만든 질문 중에 내가 탐구하고 싶은 질문을 골라서 탐구하는 것이 재미있었다. 특히 모둠활동으로 하니 역할 분담이 되게 중요해졌다. 그리고 배웠던 개념을 PPT로 정리하는 과정이 새로웠다. 질문을 많이 만들기 위해 여러 가지 방법을 쓰며 질문을 대량 생산하고 내 생각의 폭을 넓히는 과정이 일반 과학 수업에 비해 아주 색달랐다. PPT 만들 때 대략적인 구성을 잡고 목차를 세우면 더 쉽고 빠르게 PPT를 만들 수 있다는 것을 알아서 좋았다. 원래는 느낌대로 PPT를 만들었기 때문이다. 만약 내가 다른 일반 과학 수업을 들었다면 내 사고의 확장과 초점이 있는 질문 만드는 법을 얻지 못했을 것이다. 이번 기회를 통해 '질문'이라는 것에 대해 새로운 깨우침을 받아서 좋았다.

성찰문 사례3- #탐구와협력 #질문이만든성장

탐구 과정을 설계하며 과학 시간에 더욱 집중할 수 있게 됐고 전에 하던 진도만 나가는 수업이 아니라 정말 제대로 연구·탐구하며 전문적으로 배우는 느낌이 들어 좋았다. 또, 질문을 자세하게 만들어 보고 여러 종류의 활동들이 과학만 잘하게 해주는 것이 아니라 다른 과목에도 영향을 미쳤던 거 같다. 여러 종류의 질문을 만들다 보니 막혔던 부분도 있었다. 여러 질문을 만들면서 의미 없는 질문을 걸러내는 게 조금 어려웠던 거 같다. 하지만 친구들의 발표나 의견을 듣다 보면 어느새 이해가 되는 게 정말 신기했다. 이러한 수업을 하니 더욱 과학에 관심을 가지고 애정을 가지게 되는 거 같다. 예전에는 실험이 끝나고 나면 어떤 실험을 했는지 잘 까먹었지만 이제는 실험도구가 어떻게 설계되는지 기억날 정도로 발전했다.

부록

<부록1> 한눈에 보는 질문도구

	니까요?	마침표-물음표	감각문
질문 생성 Spark	사자를 본 적 있**니**? 오늘 밤 사자는 잠을 잘 **까**? 사자가 밤에 잠을 자나**요**? #질문놀이 #호기심시작 #부담제로	#관찰→질문 #생각전환 #표현력	#오감탐색 #감각기반질문 #새로운관점
	질문바람개비	질문토네이도	까까까?
질문 확장 Grow	누가 왜 언제 어떻게 어디서 무엇을 #육하원칙 #질문유창성 #질문틀	#서술어활용 #경험기반 #언어자산	#질문끝변형 #고차원사고 #가치질문
	개념안경	질문CEO	질문지도
질문 정교화 Focus	#개념적사고 #분석틀 #깊이있는질문	#정보분석 #유형변환 #메타인지	#비판적사고 #의사결정 #탐구설계

<부록2> '개념안경' 모형 예시

연결안경	
변화안경	
관점안경	
책임안경	
형태안경	
기능안경	
인과안경	

<부록3> '개념안경' 질문 예시

개념	질문 예시
형태	이것은 어떻게 생겼을까? 어떤 부분으로 이루어져 있을까? 다른 것과 어떻게 생김새가 다른가?
기능	이것은 무슨 일을 할까? 없으면 어떤 일이 생길까?
인과	왜 이런 일이 일어났을까? 그 전에 어떤 일이 있었을까? 누가, 무엇이 이 상황을 만들었을까?
변화	예전에는 어땠고, 지금은 어떻게 달라졌을까? 앞으로는?
연결	이것은 무엇과 연결되어 있을까? 이 일이 다른 일에 어떤 영향을 줄까?
관점	나는 이렇게 생각하는데, 다른 사람은 어떻게 생각할까? 반대 입장에서 보면 어떤 느낌일까?
책임	이 일에 대해 누가 책임이 있을까? 내가 할 수 있는 일은 무엇일까?

<부록4> 질문하는 힘 자기 진단 테스트

이 자기 진단 테스트는 잘했는지 못했는지를 점수로 매기는 시험이 아닙니다. 지금 나의 질문 습관을 돌아보고 앞으로의 목표를 정하는 데 도움을 주기 위한 도구입니다.

질문력		생각해 보아요	그렇다 (3점)	보통이다 (2점)	아니다 (1점)
질문 생성 Spark	1	나는 수업 시간이나 일상에서 '왜 그럴까?' 하는 생각이 자주 든다.			
	2	나는 모르는 것이 있으면 그냥 넘기지 않고 궁금하다고 느낀다.			
	3	나는 주변을 볼 때 대충 보지 않고 자세히 관찰하려고 한다.			
질문 확장 Grow	4	나는 책이나 영상, 이야기를 볼 때 '만약 ~라면?' 같은 상상 질문을 해 본다.			
	5	나는 친구들의 질문을 듣고 처음 생각과 다르게 내 생각을 바꿔 본 적이 있다.			
	6	나는 새로운 내용을 배울 때 이것과 비슷한 경험이나 예전에 배운 것을 떠올려 보려고 한다.			
질문 정교화 Focus	7	나는 학교에서 지갑이나 필통 같은 물건을 잃어버렸을 때, 어디서 마지막으로 썼는지, 본 친구가 있는지처럼 찾는 데 도움이 되는 질문을 먼저 떠올려 보는 편이다.			
	8	나는 궁금한 것이 여러 가지 떠올랐을 때, 그중에서 지금 나에게 가장 중요한 질문을 골라 먼저 생각해 보는 편이다.			
	9	나는 조사하는 숙제가 있을 때, 찾고 싶은 내용을 여러 질문으로 나누고 어떤 것을 먼저 찾을지 순서를 정하는 편이다.			

- 가장 점수가 높게/낮게 나온 단계는 어디인가요? _____ 단계

- 앞으로 '질문하는 나'를 위해서
→ 오늘부터 나는 _____ 를(을) 실천해 보겠습니다.

<부록5> 내가 만드는 열 번째 질문도구

> 이제까지 9가지 질문도구를 사용해 보았습니다.
> 나만의 질문도구를 만들어 보세요.

- 어떤 힘을 기를 수 있는 질문도구를 만들고 싶나요?
    - ☐ 질문생성　(일상의 호기심을 질문으로 바꾸는 힘)
    - ☐ 질문확장　(하나의 질문을 여러 방향으로 깊게 파고드는 힘)
    - ☐ 질문정교화　(질문을 명확하게 다듬어 탐구를 이끄는 힘)
    - ☐ 또 다른 힘　_____

- 질문도구를 소개해 보세요.

    1) 질문도구의 이름은 무엇인가요?

    2) 질문도구를 만든 이유, 질문도구의 특징은 무엇인가요?

    3) 질문도구의 구체적 활용 방법은 무엇인가요?